KAWADE
夢文庫

あなたの神さまが待っている開運神社

長崎洋二

河出書房新社

今、解き明かされる開運&招福の秘密！――まえがき

●お出かけ気分の寺社めぐりではもったいない！

授業中、学生たちに「はーい、今から金運や恋愛にメチャメチャ効く神社を教えます！」と言うと、寝ていた学生は、ガバッ！と起き、集中力がなかった学生は急に「凛(りん)として」興味津々(しんしん)となります。食いつきいいですねぇ（笑）。

しかし、曲がりなりにも研究者の性(さが)でしょうか、「××神社が効きます！」と、安易に教えるのではなく**「なぜ効くのか？」「そこに行って、どういう所作をして自分のなかにエネルギーを取り込むか？」「自力でご利益(りやく)のあるスポットを発見する方法は？」「これまでの間違った考え方とは？」**など「本当に効く」ように教えたい気持ちがあります。

しっかりと学んだ方が、長い目でみて応用できますし、幸運も持続するからです。

これまでは「パワースポット」という言葉が一般的でしたが、筆者はスピリチュアルなエネルギーを帯びた場所を**「神域(しんいき)」**と呼んでいます。

その神域の全貌を解明し、開運招福のテクニックとして解説していくのが本書の

主旨です。**浅い知識で挑む神域（パワースポット）巡りは単なる「お出かけ」になりがち**で、実はもったいないのです。

神域を研究対象とし、興味を示すことになったきっかけを、自己紹介も含めて少しふれましょう。

まず、私は霊能力者ではありません！

「超能力あるよね？」と、たまに言われますが、ほんの少しだけ運とインスピレーションが強いだけで、ごく普通のオッサンです（本当はお兄さんと呼ばれたい・笑）。

私の本業は、観光経営やホスピタリティ・マネジメントの学術研究者であります。皆様の税金である国費（J１ビザ）で、アメリカのフロリダ州（セントラルフロリダ大学）に客員研究員として所属していました。研究対象は、MICEといわれるコンベンション、イベントマネジメント、それに連なるかたちでのインバウンドビジネスです。

２０１１年に帰国し、日本の観光産業を活性化させるというミッションをスタートさせました。

さまざまな大学や企業、そして地域に講師やアドバイザーとしてアメリカで学んだことを日本版にカスタマイズしながら広めています。

そういう活動をしているなかで、たいへん面白い現象が自分のなかで起き始めました。

講義（授業）を行なう際、実施する地域の特性も学び、講義に反映させているわけですが、それぞれ特徴的で興味深く、正直に書くと「ヤバイ。日本のことを知らなすぎた。日本って、面白すぎる！」ということに強烈に気づきました。

つまり、アメリカで学んだホスピタリティ・マネジメントという視点を身につけて日本を改めて見直すと、逆に日本の魅力にドハマリしてしまったわけです。

アメリカで学んだことを教えつつ、洗練された日本の「おもてなし」を再認識するという逆転現象が起こり、その経験値が積み重なっていきました。

そんなある日、某所で講師の仕事があったのですが、その場所が、雑誌に「金運のパワースポット」と紹介されていました。半信半疑ながら、そこに行くたび参拝していると、ひょんなことがきっかけで「ン百万円」をゲット。

なぜか、この「ン百万円」を神域の研究費に充てようと直感的に判断しました。

今思えば、この判断がターニングポイントだったのかもしれません。

偶然の臨時収入を私利私欲のために使わなかったためか、神様仏様が「お主！変わっているな！　よし、そこまで本気なら、いろいろ教えてしんぜよう」という流れになったのかはわかりませんが、知りたい情報をもつキーパーソンへのアクセスが急加速していきました。

興味深い知識と経験をたくさんおもちの超能力者さん、霊能力者さん、宗教家さん、スピリチュアルなヒーラーの方々と出会うことができました（なかには食事をおごってくれる方も！）。

●研究者による開運スポットの研究成果を公開！

良質な情報さえ集まれば、あとは研究者の守備範囲です。

その情報を基に、瞬間的で、サンプルひとつだけの「体験談」ではなく、その効果性（再現性）を証明すべく「研究」として挑んでいます。

その先鋒（せんぽう）となるのが本書です。

怪しいですねえ（笑）。

そもそも「怪しい」とは、世間で言う一般常識の範囲で信じきられていないこと、証明できていないこと、十分な情報が開示されていない規格外のナレッジ、意図的に隠されたシークレットのことだと思います。

本書の役割は、怪しさという「氷」に、少しだけ「お湯」をかけて溶かすことです。

本書のテーマは「開運／招福」と「神域（スピリチュアルな場所／パワースポット）」の関係について。

大学生や社会人（法人）向けに講義、研修もしている手前、多少、講義っぽくなることがありますが、そこは読者のあなたへの「ご利益」を考えてのこと。

どうぞ、楽しみながらお読みいただければ幸いです。

それではしばし、「運が開ける招福の旅」におつき合いください。

長崎洋二

あなたの神さまが待っている開運神社／もくじ

1 訪れる人を幸運にする神域エネルギーってなに？

2 招福パワーをたっぷり浴びるお参りのしかた

3 お金・恋愛・健康…願いを叶える神域とは

4 神道系スポット この神社のご利益が凄い！

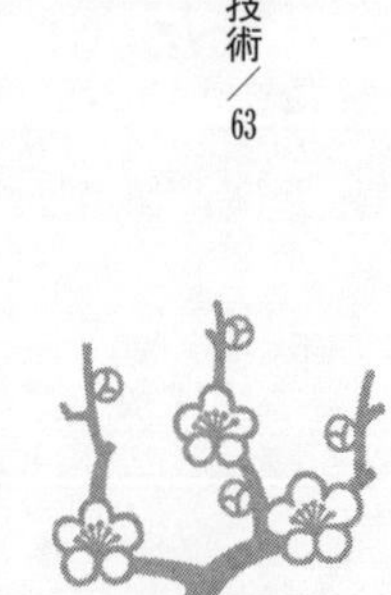

5 仏教系スポット このお寺のご利益が凄い！

6 自然系スポットで運気をメンテナンスする！

7 神域を上手に活かしてビジネスを成功させよう

カバーイラスト●123RF
本文イラスト●谷崎圭
図版作成●アルファヴィル

青森県
北金ケ沢のイチョウ
（西津軽郡深浦町）171
宮城県
竹駒神社（岩沼市）77
群馬県
榛名神社（高崎市）40、91
釈迦の霊泉（利根郡みなかみ町）89
茨城県
笠間稲荷神社（笠間市）77、96
御岩神社（日立市）95
大洗磯前神社（大洗町）96、114
埼玉県
鴻神社（鴻巣市）85
千葉県
高家神社（南房総市）94
ふなばしアンデルセン公園（船橋市）186
琴平神社（野田市）204
東京都
殿ヶ谷戸庭園（国分寺市）86
大国魂神社（府中市）205
神奈川県
箱根神社（足柄下郡箱根町）
41、73、81
大山阿夫利神社
（伊勢原市）40
江島神社（藤沢市）77
弘明寺（横浜市）162
大船植物園（鎌倉市）186
岐阜県
飛騨山王宮日枝神社
（高山市）196
愛知県
徳川園・蘇山荘
（名古屋市）178
豊興神社〈トヨタ神社〉
（豊田市）203
三重県
伊勢神宮（伊勢市）133、191
滋賀県
宝厳寺・都久夫須麻神社（長浜市）77
岩間山 正法寺（大津市）149
秋葉山 玉桂寺（甲賀市）149
奈良県
天河神社（吉野郡天川村）78
信貴山 朝護孫子寺（生駒郡平群町）154
秋篠寺（奈良市）156
宝山寺・生駒聖天（生駒市）157、162
和歌山県
高野山高室院（伊都郡高野町）37
丹生都比売神社（伊都郡かつらぎ町）156

本書で紹介する神域(パワースポット)

※数字は、記述のあるページです

島根県
佐太神社(松江市) 85
命主社のムクノキ(出雲市) 171

広島県
亀居山放光院大願寺(廿日市) 77、156
厳島神社(廿日市) 77、156

福岡県
南蔵院(糟屋郡篠栗町) 80
御井寺(縁切りの塔)(久留米市) 85
香椎宮(福岡市) 88、127、156
櫛田神社(福岡市) 125
注連懸稲荷神社(福岡市) 125
紅葉八幡宮(福岡市) 130
筥崎宮(福岡市) 130
宮地嶽神社(福津市) 130
宗像大社(宗像市) 130

熊本県
宝来宝来神社(阿蘇郡南阿蘇村) 78

宮崎県
天岩戸温泉(西臼杵郡高千穂町) 212
天岩戸神社(西臼杵郡高千穂町) 212
八大龍王水神(西臼杵郡高千穂町) 212
天安河原〈仰慕ヶ窟〉
(西臼杵郡高千穂町) 212
高千穂峡(西臼杵郡高千穂町) 212

鹿児島県
縄文杉(熊毛郡屋久島町) 169

沖縄県
大石林山・御願ガジュマル(国頭郡国頭村) 186

新潟県
彌彦神社(西蒲原郡弥彦村) 132
居多神社(上越市) 132
度津神社(佐渡市) 132
宝徳山稲荷大社(長岡市) 132

石川県
金劔宮(白山市) 77
白山比咩神社(白山市) 86

京都府
伏見稲荷大社(京都市) 77
安井金比羅宮(京都市) 85
河合神社(京都市) 87
新那智山 今熊野観音寺
(京都市) 148、158
端應山 大報恩寺(京都市) 148
恵解山 勝龍寺(長岡京市) 149
雙林寺(京都市) 162

大阪府
補陀洛山 総持寺(茨木市) 149
佳木山 太融寺(大阪市) 149
四天王寺(大阪市) 154

兵庫県
再度山 大龍寺(神戸市) 149
日蔵山 七寶寺(神崎郡神河町) 149
愛宕山 常瀧寺(丹波市) 149
弘聖寺・長田聖天(神戸市) 162
三田市中央公園(三田市) 185

香川県
金刀比羅宮(仲多度郡琴平町) 85

高知県
定福寺・栗生聖天(大豊町) 157、162
杉の大スギ(大豊町) 171

東京23区の神域（パワースポット）

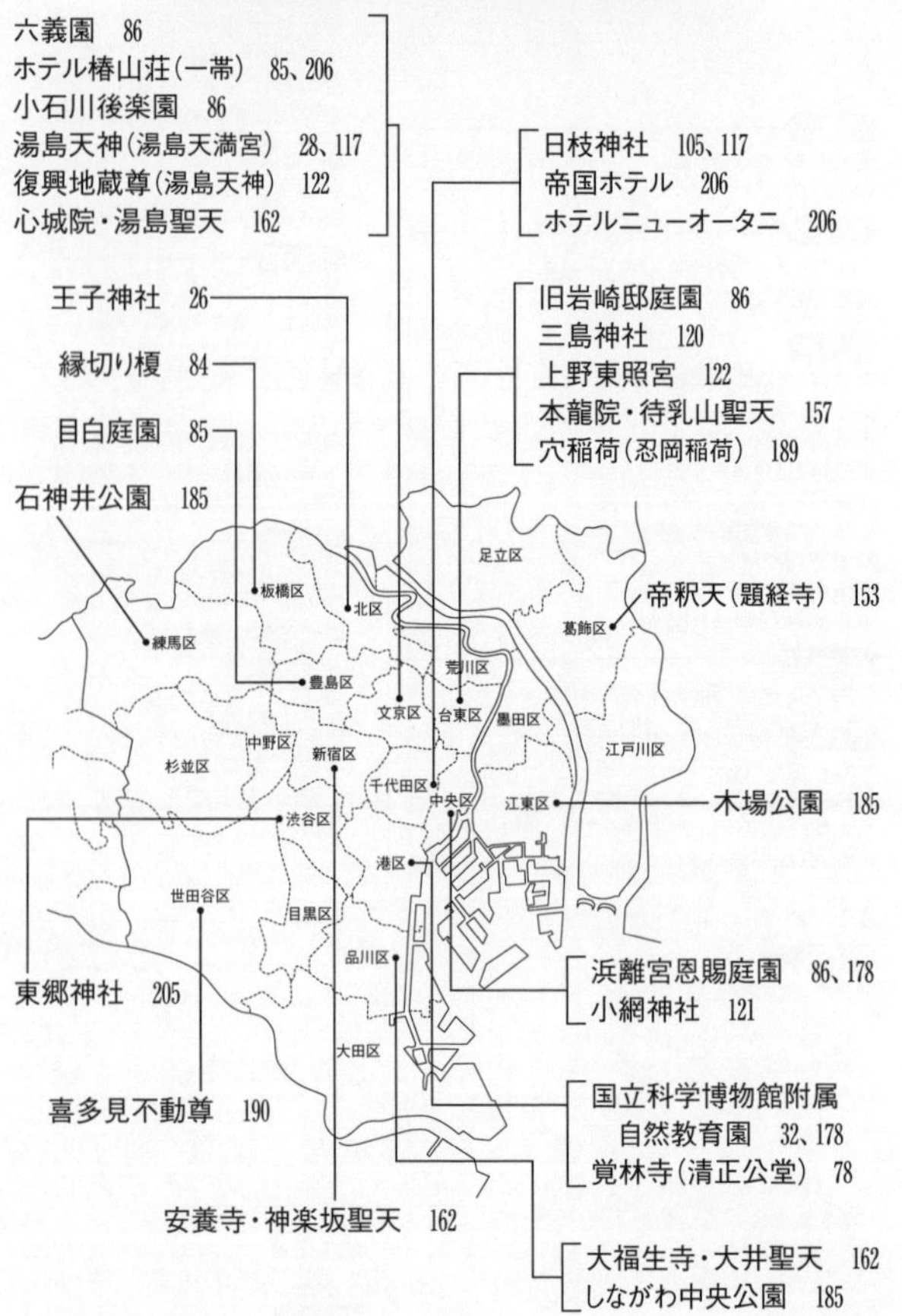

1

訪れる人を幸運にする
神域エネルギーってなに？

パワースポットとしての神域研究のはじまり

「神域」がもつエネルギー。なんとなく気にしたことはあるけど、ちゃんと考えたことがない。こういった方々が大半ではないでしょうか。

「神域」とは、神道由来の言葉で、神社の境内や、依り代（降りた神さまが宿る場所）などの神聖な場所のことを指しますが、最近は「パワースポット」の意味でも使われはじめています。

しかしながら、何がどうなったら「神域（パワースポット）」なのでしょうか！

日本における「神域（パワースポット）」の源流は、1986年出版の『超能力開発マニュアル』のなかで秋山眞人さんが、その概念を一覧表にして「日本におけるエネルギー集中地点」として発表しました。これが日本におけるパワースポット論のはじまりです。

秋山さんの発表は風水でいうところの「龍脈と龍穴」の考え方に近いといえます。そこからさまざまな形にアレンジされ、神社、お寺、豊かな自然などに派生していきました。

では、本格的にパワースポット・ブームが起きたのはいつでしょうか？
検索サイトGoogleで〝パワースポット〟のヒット数を年代ごとに調べると、２００５年に約７０００件のヒット数だったのが、２０１０年には10倍以上の８万９８００件、ピークの２０１４年には約23万７０００件の検索ヒット数となり、近年は約20万件前後で安定しています。

したがって、パワースポットという言葉が一般化したのは２０１０年前後と考えてよさそうです。ブームが起きたころは「ビジネス目的、エンターテインメント感覚になっていいのか？」などさまざまな議論も起こりました。

ちなみに、パワースポットというのは和製英語なので、基本的には英語圏ネイティヴの方には、ほぼ通じません。また注意すべきは、自然があり、心地よい場所や神社のすべてをパワースポットというのは無理があるということ。ただの森林浴、散歩の可能性がありますからね。

本書では、既存のパワースポット論の曖昧さを払拭して**「神域」**として再定義、分類して、「神域を味方につけ、運を上げ、福を招く方法」を誰にでも理解できるよう執筆しています。

まえがきでも書きましたが、私はアメリカの研究機関に国費で派遣された観光経営やホスピタリティ・マネジメントの学術研究者です。

とかくスピリチュアル（精神世界）に寄りすぎる神域の話を、目に見えない世界に入りすぎないように心がけています。なぜなら霊能者という定義も曖昧なまま、その人が言うことを絶対視する風潮は偏り（かたよ）すぎて、とても危険だからです。

それでも、日本人が古来より大事にしてきた感性は失わずに筆を進めていますのでご安心ください。誰でもあるような経験値（知）をベースに「なるほど！」「確かに！」と納得し、ハッピーが増幅するよう記述しています。

学術研究がスピリチュアルの世界と最も差別化できる強み（ポイント）は、ズバリ「再現性」です。「なんだか最近、調子悪いなぁ」と感じたら、本書のガイドラインに従い、いつでも神域がもつ「場所のエネルギー」に頼って、モチベーションやエネルギーを回復させてください。読者のあなたが神域の効果を実感していただき、エネルギーを上げて日々の生活を充実させていただくことが本書の最大の目的です。

つまり本書は「学術研究とスピリチュアルが共に補完し合うハイブリッドな書！」といえます。

それでは「神域」の世界へまいりましょう。

神域による開運のメカニズム

そもそも開運とはなんぞや？

招福のメカニズムとは？

まずは、ここからお話ししていきます。

「前提の共有」は、感性が強く、空気を読む（暗黙知の）日本人が比較的、苦手にしていることなので筆者の意図を汲み取ってもらうべく、しっかり形式知としてお伝えしておきます。

「運」や「幸福」は、数値計測ができません。

運や幸福が数値で計測できないということは、ダイエットのように「××ダイエット法で5キロ痩せた！」など、客観的に証明できにくいということです。

本当は「運の計測」ができるドラゴンボールのスカウターみたいなのがあって「A神社の戦闘力はたったの5か、うーむ、微妙だ……」ですとか「なに！　B神社は戦闘力58万だと！　ご利益絶大の可能性アリ、絶対に参拝すべし！」というふうにわかればいいのですが、そういう技術は現在ありません。

開運は基本的に、後づけのファクトベースであり、そのファクトも主観によるものが多いのが現状であり、特徴です。

それでも「開運」を「目標達成」に結びつけてロジカルに言語化すれば、以下の3つのファクターが柱だと言えるでしょう。

開運術とは、
①常に新鮮で、イキイキとした気持ちを保ち続けられる技術
②進化しながらチャレンジ回数（母数）を上げられる技術
③よいバイブレーションを循環、継続させる技術

この3ファクターです。

ようは成功するまでフレッシュさを保ち、ヘコたれない技術。

いや、ヘコたれるというネガティヴな感情さえもなくし、修正箇所を補強しつつレベルアップし、チャレンジする回数を増やす技術です。しかも、ずっと新鮮な気持ちで！

例えば、就職活動。

最初のうちは「面接の練習だ〜」と言って、お気楽ですが、5社、6社と不採用通知が届くうちに「私って世の中に必要とされていないのでは……」とヘコんできます。そこで普段から神社などの神域に行って開運術に長けていると「ふふ。よしよし。失敗データが集まってきたし、今度は失敗要因を修正して再チャレンジだ！」と、進化しながらフラットな精神状態で向かうことができます。

ビジネスや、恋人探しでも同じことがいえると思います。

新鮮な気持ちをもって何度も反芻し、学び、進化してチャレンジを続けていけば、心願は必然的に成就していきます。少なくとも成就の確率はアップします。その手助けを心の奥底、芯を食った体感で実行してくれるのが神域を使った開運の技術なのです。けっして根拠が不明瞭で怪しい、ふわふわしたスピリチュアルな話ではありません。

失敗したとき、悶々とし、友人に愚痴ったり、お酒の力で発散したり、お金の力で解決するのは現実逃避の可能性があり、本質的な解決にはなりません。こういう発散、解決の仕方をしていると塵も積もって山となり、そのうち精神的に破綻してしまう可能性があります。

「なるほど。開運って前向きになるってことなのね！」

いいえ、少し似ていますが、微妙に違います。

前向きやポジティヴになるには大きなエネルギーを使いますが、開運の技術を一度、理解してしまえば、そこまで大きなエネルギーは必要としません。

前向きでも、後ろ向きでもない「いつでも新鮮で、強靭（きょうじん）なゼロに戻ること」が開運のメカニズムといえます。現代風にいえば、ストレスをなくすのではなく、ストレスを正しく高速処理する技術といえるでしょう。ストレスというのは今も昔も、どこにいても受けるので消滅させるのではなく、その処理法が大事なのです。

さらに、何をしていいのかわからない宙ぶらりんの段階でも神域は効きます。神域に行き、心を落ち着かせ、整理することが習慣化すると、モヤモヤを解消させ、ふっきれさせてくれる効果、記憶や思いの断片をつなぐ効果が期待できるからです。必然的によい感情を保持した状態で行動力も出てきます。政治家や経営者（創業者）に神社好きな人が多いのは、この効果を知っているからだと断言してもいいくらいです。

大事な指摘をもうひとつ。

それは成功後（達成後）のアクションです。

日本人は「成功しているときほど謙虚に」「勝って兜（かぶと）の緒（お）を締めよ」「地に足をつ

けて」という、成功後の守勢が大好きですが、それは「タンス預金」に象徴されるように「経済が回らない」ですとか「金持ちほどセコイ」という停滞行動になりがちです。つまり、成功するまでにイキイキさせていた活力を意識的に閉ざすことにほかなりません。

大事なのは傲り高ぶらず、感謝してゼロ（原点）の心境に戻ることです。お金が余って使い道に困っている方は神域へ参拝をしていると、新しいインスピレーションとタイミングが得られることもあるでしょう。

神域は、成功して浮足立ったときでさえ「余分な出っぱり」をまろやかにしてくれる効果があります。ここがないと、必要以上の見栄やプライドが知らぬ間に育ってしまいます。いわゆる無意識に育ってしまった煩悩で、資本主義経済の闇の部分ですね。

開運させるのは、本気で行なえば、実はそれほど難しくありません。

大事なのは開運後の言動です。

なぜなら開運して成功すると、社会に対して大きな責任も生まれるからです。

この話は「カレイドスコープ思考」という理論を使って、163ページで詳述いたします。

誰でもわかる神域特有の体感

「神域」の効果とは？

まず、神域の基本軸はメンタル面において**「浄化」「回復」「充電」**させてくれる場所というイメージをもっておくとよいでしょう。

パワースポットで「波動が上がる」と表現される方はたくさんいますが、波動と言われると「え、波動？　単位は？　それは数値で計測できるの？」となってしまうのがわれわれ研究者の悲しい性(さが)です（笑）。とはいえ、伝えやすく楽なので、私もたまに使ってしまうんですけどね。

筆者個人的には、それぞれの物質がもつ固有振動数（バイブレーション）や、副腎皮質ホルモンの数値（副腎皮質で生産されるステロイドホルモンであるコルチゾールの分泌量）ではないかと当たりはつけていますが、そういった科学的に数値化はできなくても神域の効果を「万人共通の体感」で根拠を示すことはできます。

それは**「心身が軽くなる（軽快になる）」**です。

体調不良のときに起こる「だるい／身体が重く感じる」の「逆！」と、考えていただければ、スッキリと理解していただけるのではないでしょうか。

その結果、人として常にイキイキとし、明るく、力強い印象を与えます。そこから「魅力的」になり、いわゆる「開運」に接続されていくと思われます。

漫画『ちびまる子ちゃん』の野口さんのように雰囲気が「どんよりした感じの人」なのは誰にでもわかりますし、そういった方は老若男女にかかわらず、ちょっとゴメンナサイと避けたくなりますね（クックックッ）。

現代ほどモノや情報もない古(いにしえ)の人々は、今よりも強烈な感性で「心身が軽くなる（軽快になる）」よう、場所（自然）への意識、宗教観、それに関連づけられた術式を完成させていきました。とくに日本は諸外国のように一神教ではなく、神道ベースの万物に神が宿る八百万(やおよろず)の神の信仰であり、かつ、歴史上の背景から神仏習合(しんぶつしゅうごう)（仏教と神道がまざって信仰される）ですので、その裾野(すその)は広大です。

つまり、日本の神域研究は、特定の神を崇(あが)める一神教の諸外国よりも、ストーリーやエネルギーの種類が豊富で濃厚なのです。

これはもう「メチャクチャ面白い！」と言えます。それなのに大学で講義していると、自分の家が「何教の何宗か？」を知らない学生が多いのに驚きます。それはつまり、日本人としてのルーツや奥深い知識には無関心ということかもしれません。

海外に留学したことのある方なら、現地のネイティヴから「日本のこと」を興味津々で聞かれた経験はないでしょうか。筆者は学生のころ、短期留学で英国にいましたが「質問攻め」にあって、それに答えられない自分を歯がゆく感じました。日本の神域を、自分なりに深く知ることはすなわち、日本人としてのアイデンティティ養成の一助につながるのかもしれません。

あなたと相性のよい神域の判別方法とは？

よく「あの神社はパワーが強烈だ！」「関東ナンバーワンだ！」というセンセーショナルな言い回しを目にしますが「効果効能」を考えた場合、その考え方は正しくありません。

なぜなら、何が（どこが）効くかは「人それぞれ、相性があるから」です。自分に足りない栄養素と消化吸収のロジックに近いといえるでしょう。

東京都北区に東京十社のひとつ**「王子神社」**があります。ここは、数十年ずっと景気がよいある経営者と、信頼しているサイキック能力をもつ方の2名から「あそこのエネルギーは凄いよ！」と聞きました。異なる属性のルートから聞いた情報で重要なのは、そのふたり同士は互いに知り合いではないということ。いわゆる、別角度から一致した、情報確度が高いパターンです。これはもう、テンションMAX、意気揚々(ようよう)と、朝一番、始発に近い電車で行きました。

3回行って、3回とも偏頭痛(へんずつう)に襲われました(涙)。

こめかみあたりが、ズーン！と痛くなったのです。3回ともまったく同じ現象でした。ショックでしたが、これはつまり、エネルギー自体は凄いだろうと思うのですが、現時点では筆者に合わなかったパターンだと判断しました。筆者には合わなくとも、あなたには合う可能性もありますので、一度、参拝に行ってみてください。本殿を正面に見て右奥の御神木(ごしんぼく)がエネルギー強めです。

では、自分と相性がいい神域をどのように判別すればいいのでしょうか。私の感覚と、さまざまなルートの情報の報告を照合した結果、以下の3パターンでの判断をオススメします。

- ずっとそこにいたくなる感じ（フィット感がある）
- 深呼吸したとき、不思議と気持ちがスーッと落ち着く（鎮魂(ちんこん)／清々(すがすが)しい）
- さまざまな生き物（蝶(ちょう)、鳥、犬、猫など）との遭遇(そうぐう)（自然との呼応）

筆者の個人的な相性でいうと、東京都文京区にある**湯島天神**（湯島天満宮）は合います。はじめて参拝したとき、妙に懐かしいというか「え、ここ前にきたことあるかな？」とさえ思えました。それ以降、月1回は参拝するようにしています。境内にベンチがあるのですが、そこで1時間くらいボーッとしているとストレス解消ならぬ「ストレス抜き」が完了します。

人と人の相性があるように、人と神域との相性も、確実にありますので最低でも5つの神社に参拝して体感し、翌日の体調も含めてトータルで判断してみましょう。したがって、ビギナー時は、一度に複数訪れるのではなく「1社ずつ」をオススメします。相性がよい神域がわかってきたら、A社のあとにB社を参拝する、といった具合にコンビネーションさせると、よりよいでしょう。

「神社」のパターンを書きましたが、これは「お寺」でも「庭園」でも「滝」でも「街全体の雰囲気」、もっといえば「人」でさえも理屈は同じだといえます。

王子神社には後日談があります。

王子神社で「こめかみ偏頭痛現象」が起きた筆者ですが、ちょっと怖くなっていろいろ調べていると、とある宗派の高僧から「参拝時、こめかみが痛くなるのは経絡に気が通り、第三の眼（第六チャクラ）に響いた現象ですので、けっして悪いことではありません」と教えていただきました。

確かに、偏頭痛は一時的なもので、自宅に戻ると、ウソのように回復していました。つまり、筆者が未熟で、王子神社の神様から「グリグリ」とされたのだろうと判断できました（笑）。実力を蓄え、心身ともに磨きをかけ、また参拝しようと思います。

超能力（霊能力）がなくてもわかるエネルギーの判定方法

私の見解では、神域がもたらすエネルギーは3種類、場所としても3つのパターンに分類できると結論づけています。

まず、エネルギーの3種類。

これは風水や気功でいうところの**「天の気」「地の気」**そして、想念（集合意識）ともいえる**「人の気」**の「天・地・人」の3種類です。別視点で共通項を探すと、文字の画数によって行なう姓名判断でも「天格、人格、地格」と同じように3種類あるのは偶然ではないでしょう。

「天・地」に関しては「トーラス」という言葉を使って解説します。噴水や火山の

天と地のトーラス

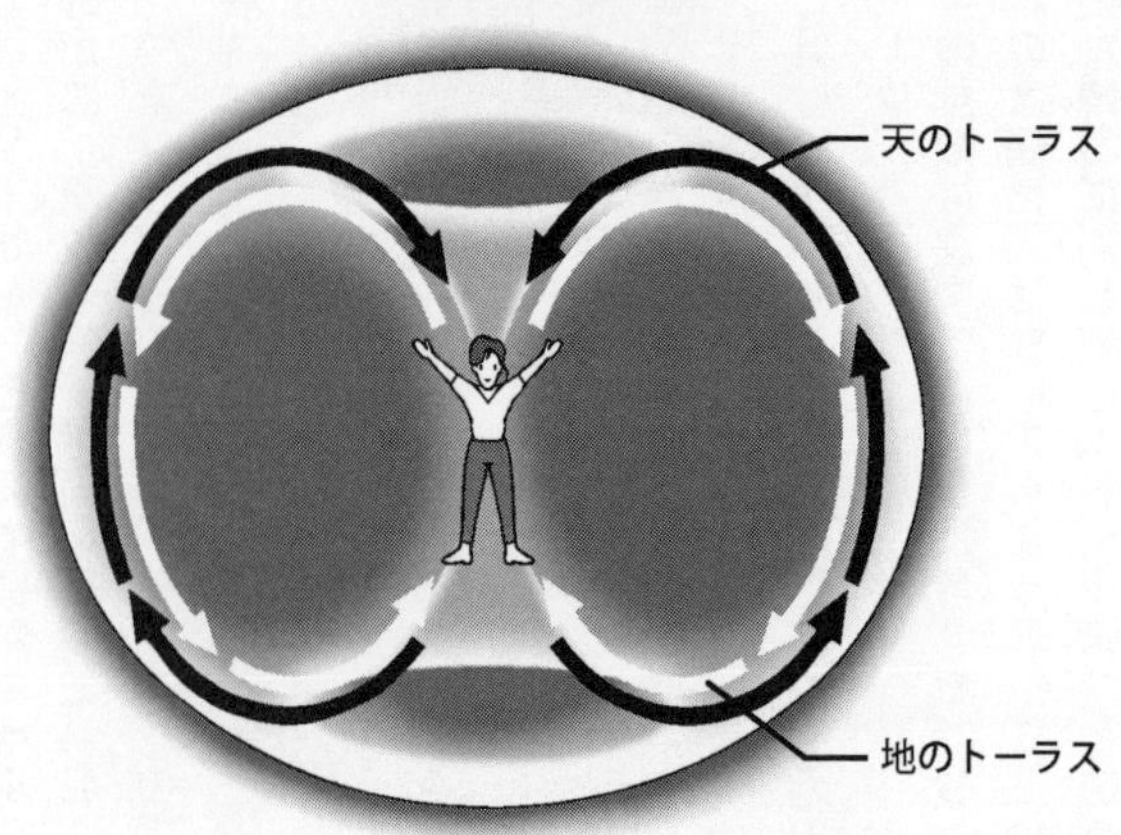

噴火、もしくは、ドライアイスを水に入れたときの白い気体（ゴボゴボ）を思い出してください。下から沸き上がり、両サイドに散って落ちていきますね。あれが「地の気」です。その逆が「天の気」です。

ただ、この「天・地」のエネルギーはなんとなく感じることはできても、一般人には見えませんので無視してOKです（私もまったく見えません！）。そのうち「フリーエネルギー」として世の中に発表されるかもしれませんが、詳しくはそっち系の本をお読みください。

もうひとつが「人の気」で「想念」のエネルギーです。もちろんこれも見えませんが、鋭い人には、「天の気」「地の気」よりもわかると思います。

例えば、密教系のサイキック僧侶が加持祈禱によりエネルギーを入れたアイテム（御札、お守り、霊石など）などは、もった瞬間にビリビリするので一般の方でも意外とわかります。もっとシンプルにわかりやすいのは、リッチピープルの集合場所、東京「銀座」と「地方のさびれた商店街」の雰囲気の差です。煌びやかな建物などの視覚情報ではなく「場所の空気感」を意識して感じてみてください。銀座は軽快で「ウキウキ」しており、さびれた商店街は「どんより」と重い感じがします。私は疲れているとき、10〜14時ごろ、あえて銀座をブラブラして活力をもらいに行くことがあります。

といっても『黒革の手帖』（松本清張）で登場するような店には行ってませんよ（連れていってください！）。

一方、場所の3パターンは誰でも理解できますし、なんといっても見えます（笑）。

それが**「神道」「仏教」「自然」**のベース基地です。

神道なら神社、仏教ならお寺、自然なら庭園や鎮守の森などです。

この3種を大きなベースに、皇室関係の場所、財閥や豪商などリッチピープルが関わった場所、老舗のお店（主に飲食店）、災害（戦災）に遭わなかった不思議と運

神域（パワースポット）の種類（長崎分類）

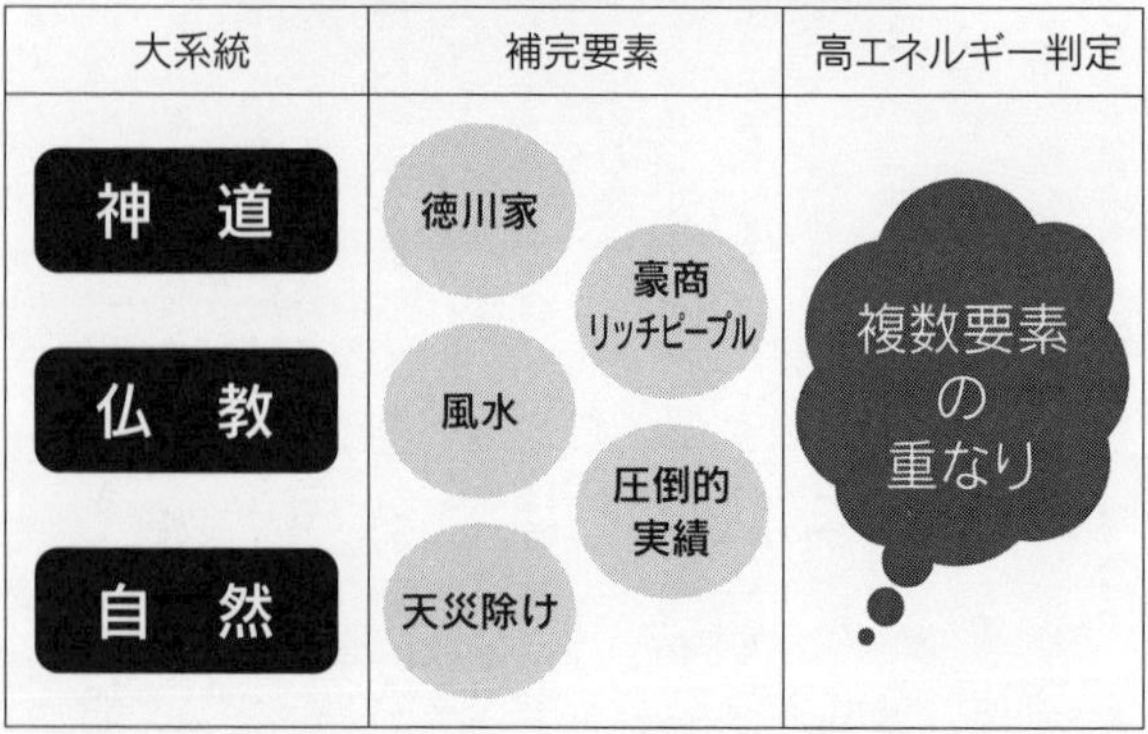

大系統	補完要素	高エネルギー判定
神道 仏教 自然	徳川家 豪商 リッチピープル 風水 圧倒的実績 天災除け	複数要素の重なり

がいい場所、260年続いた徳川幕府と関係する場所などで加点されていきます（上の長崎分類の図参照）。

詳しくは3章以降で「神道」「仏教」「自然」と、それぞれに述べますが、わかりやすくエネルギーが高い神域は、これらの**属性が重なった場所**です。重なれば重なるほど「当たり」の可能性大なのです。

例えば、東京都港区、白金にある**国立科学博物館附属の自然教育園**。ここは元々、宮内庁の白金御料地であり、室町時代は豪族の白金長者の土地でもありました。さらに、徳川系の高松藩主松平讃岐守頼重の下屋敷でもあったといいます。松平頼重は水戸藩初代藩主徳川頼房の長子で、水戸黄門こと2代藩主徳川光圀の同母兄です。こういった「神道（宮内庁）」～「お金持ち（豪商）」～「徳川家（江戸時代）の由来」と数百～千年の長きにわたって別属性の**「重なり」**が発生したときは「強力な神域の可能性大」と判断していいでしょう。

なぜなら、長くそのままの形で残ったという先天的な土地のよさに加え、後天的な「人の気」も重なってブレンドされている場所だからです。

ちなみに、この白金の自然教育園は、モヤモヤした気分が驚くほどリフレッシュされます（軽くなります）。教えた知り合いのほとんど全員から「めちゃくちゃよかった！」「東京にあんな場所があったとは！」という感想をもらっていますので、万人向けの神域といえるかもしれません。

高校生以下と65歳以上は無料、大学生と一般は320円（2022年10月現在）と有料ではありますが、それに余りある費用対効果を期待できます。

軽装で「極上の気力・充電散歩」をお楽しみください。

超能力（霊能力）者でなくても、こういった属性の重なりや、ストーリーを追えば「あそこは何かあるかも」「なんだかよさそうだな」と気づきやすくなります。

次項では人物を発信元とした「気づき方」の実践例をピックアップしてみます。

ターゲットは、江戸時代の天海（てんかい）と藤堂高虎（とうどうたかとら）です。

江戸時代の二大超能力者?! 天海と藤堂高虎

神域を考える際、自然の要素に風水や結界などが人為的に張り巡らされれば、さらに強力になります。江戸時代でいうと徳川幕府のブレーンだった天台宗の僧侶、南光坊天海が有名です。いわゆる江戸時代の「まちづくり」は、この天海と変幻自在の戦国武将、藤堂高虎の建築技術によるところが大きいといえます。

このふたりは、経歴を深く調べ、追跡すればするほど「あなたたち、どう見ても超能力者ですよね？」とツッコミたくなる要素が満載です。

エネルギーの持続性、吸引性を意識した、渦巻き型や北斗七星の風水術でまちづくりをした天海は、日本史やスピリチュアルが好きな人には知られた存在ですが、藤堂高虎はもっと現実的に直感力を働かせました。

こうした**特殊能力を発揮した歴史上の人物のゆかりの地**も「人の気」が宿った地としてチェックしたいものです。

ここでは藤堂高虎のキャリアと神域にフォーカスし、見ていきましょう。

「え、藤堂高虎？　主君をコロコロ変えた、ゴマスリ大名、世渡りがうまかった大名じゃないの？」という視点は偏った見方です。この原因は司馬遼太郎の小説『関ケ原』（のちに映画化）などによるイメージ操作といえます。私は藤堂高虎に関しては、司馬遼太郎大先生に断固として戦いを挑みます（キリッ）！

高虎の行動を詳細に記録した『高山公実録』には、そういったネガティヴな記述はほとんどなく、槍の名手、築城の名手（築城三名人のひとり）、江戸時代初期の政治に大きく関与したという戦国武将の高虎だけではない、マネジメント幹部としての姿が「実録」として残されています。

早稲田大学の深谷克己名誉教授は「高虎は70歳で、孔子之道（儒教政治）の理解も求めていた」と、高虎の明晰な頭脳を指摘しておられます。さらに、指摘したいのは「忍者のまちである伊賀、神道の伊勢を治めたこと」です。これはもう、スピリチュアル要素が満載で「超能力者、もしくはヒューマノイド・タイプの宇宙人ではないか？」と本気で考えています（笑）。

また、江戸時代の成人の平均男子の身長が160センチメートルにも満たない時代に、高虎は6尺2寸（約188センチ）あったといわれ、平均寿命が約50歳の時代に75歳まで生きています。槍も強く、築城（建築）学も理解している文武両道。江戸時代に入ると、家康・秀忠・家光の三代にわたって幹部のひとりとして幕府を支えました。これはもう、何かが飛び抜けている異次元の能力者と考える方が自然ではないでしょうか。

徳川家康が「徳川家に何かあったら、（外様大名だが）藤堂高虎を一番手にせよ」という言葉を残したのも頷けます。

そんな、藤堂高虎のエネルギーが宿る神域をふたつご紹介しましょう。

ひとつめは「出世の白餅」で有名な清州屋です。ここは、高虎が浪人時代、あまりの空腹に耐えきれず、店にある「お餅」をテレビ東京の大食いコンテストばりに、すべて平らげ、無銭飲食した場所です。空腹もあると思いますが、よほど美味しかったのでしょう（もしくは、やはり宇宙人?!）。

しかし、店主は怒るどころか「そんなに食べてくれて、逆に気持ちいいわ！」と、高虎に交通費をもたせて送り出しました。それから約30年が経ち、高虎は外様でありながら伊勢伊賀22万石の大大名になりました。一方、餅屋の主人も、まだ生きていて、餅屋を続けていました。参勤交代の途中、高虎の大名行列が食い逃げもどきをした餅屋の近くを通りかかりました。高虎は行列を止めて餅屋に入っていき、

高虎「おやじは生きておるか？」

店主「あ、あなたは……、あのときの！」

高虎「さよう、藤堂与右衛門高虎にござる。お久しゅうございますなぁ」

高虎は家臣に、大金の入った袋をもってこさせ「これは、あの折の餅代じゃ!」と、(100倍返し?!)の大金を渡し「この店に、今あるだけの餅をいただきたい」と、餅屋にあるだけの餅を、家臣たちに振る舞ったといいます。

このストーリーは浪曲で「出世の白餅」として有名で「つくり話では?」という噂もありましたが、三重ふるさと新聞「『出世の白餅』考(下)」と、『築城の名手・藤堂高虎』(福井健二著・戎光祥出版)の情報をクロスリファレンス(複数参照)した結果、この場所は現存しており、今は「うなぎ屋になっている(愛知県豊橋市札木町)」ということが判明しました。ここは**出世のパワーが宿るお食事処**といえるかもしれませんね。

さらにもうひとつ。

高虎は慕っていた主君の恩に報いることができず、己を悔い、すべての私財を手放し、高野山に入っていたことがあります(一説には厚遇を受けるための戦略ともいわれています)。どちらにせよ、結果的には豊臣秀吉からの使者が再三やってきて、7万石の高額オファーを受けます。その力を溜める期間の居場所となったのが、西国薬師霊場の第十一番札所(平成23年からは紀伊之国十三仏霊場の第十一番札所)の**「高**

野山高室院(たかむろいん)」です。

この高室院は、薬師参詣(さんけい)が多く護摩(ごま)祈禱が人気だそうで、**健康運と人気運が見込める場所**といえるでしょう。

このように「人物ゆかりの地」で神域をリサーチしていくのも悪くない筋だといえます。

風水でいうところの龍脈と龍穴とは?

風水や気功、武術なども当然そうですが、中国の「術モノ」は流派が多いのが特徴です。

理由は、人口も多く、歴史が長いからでしょうね(カオス!)。

神域に関係する「風水」に関しては、400流派以上あるといわれています。紀元前ン千年前が発祥とされ、その発祥ですらも有耶無耶(うやむや)です。いろんな先生がいろんなことを言い、「邪馬台国(やまたいこく)はどこにあったか?」「誰の刀が一番だったのか?」に近い論争になっています。

私個人としては「発祥や流派なんて、どうでもいいんや! 情報のコア部分を、

龍脈と龍穴

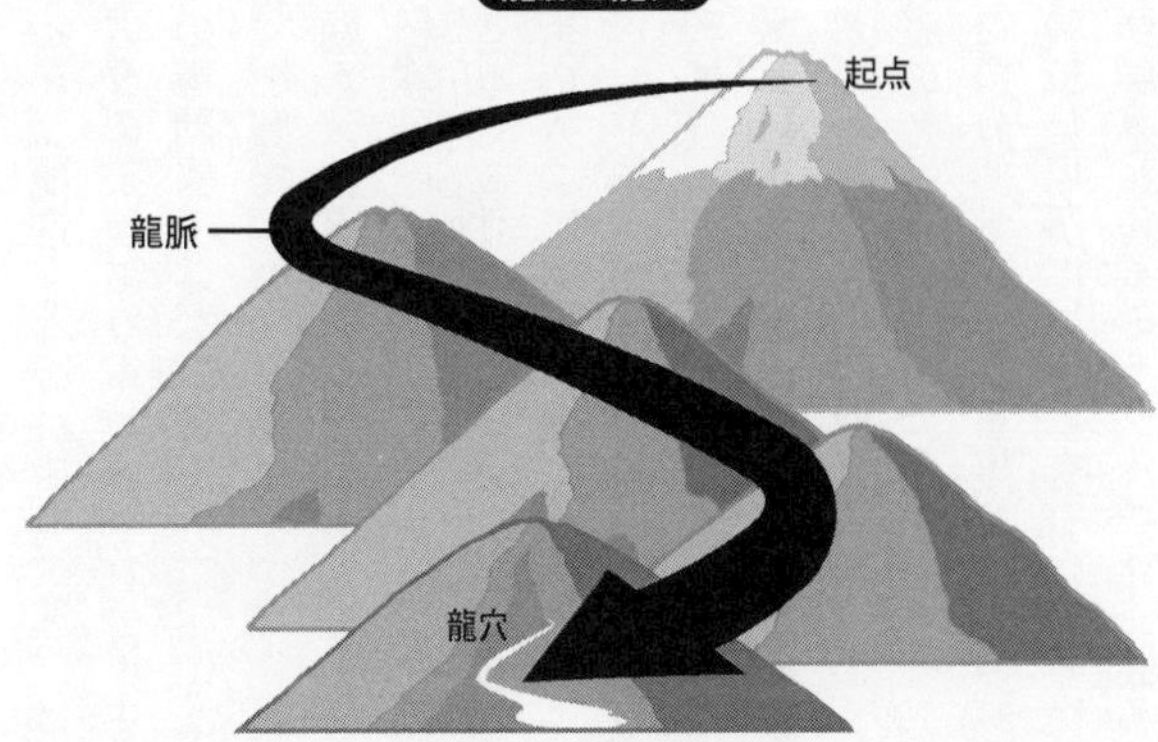

あわよくば効くやつだけを教えてプリーズ！」と、専門外とはいえ、研究者としてはあるまじきスタイルで風水に関しては思ってしまいます。それくらい皆様、おっしゃることがバラバラなんです。

そんなバラバラ軍団の風水ですが、共通してほぼ同じように説明される「コアの部分」があります。

それが「龍脈（りゅうみゃく）」と「龍穴（りゅうけつ）」です。

「龍脈」とは、大地の気が流れるルートのこと。山脈の尾根沿いに「S字カーブ」をつくりながら流れていることが特徴（必須の条件）で、このS字カーブが龍に似ていることから「龍脈」と呼ばれます。「龍脈」は周囲にある最も高い山が起点（司令塔、太祖山（たいそざん））になり、支流をつくりながら流れます。龍脈の先端のことを「龍穴」と呼びます。龍穴は、その理想形を厳密に言うと、両サイドからクワガタのようにサポートされている円形地点（穴）のことを言いますが、本書は風水の専門書ではないので、太祖山からS字カーブに流れてくる先が龍穴というザックリとした理解でオーケーです。この「龍穴」の地点を大地エネルギー（天の気）のMAX地点と解釈される先生も多くいます。

日本国内で格式やエネルギーが高いとされる多くの神社や寺院は、このメカニズムを知ると明らかに「龍脈」と「龍穴」のラインを狙って建立されています。

昔の人って偉い&凄い！

ちなみに、富士山を起点とした場合、龍穴に当たるのは、皇居（東京）や**大山阿夫利神社**（神奈川県）といわれています。**龍脈~龍穴ラインに乗った小田急線や東京メトロ千代田線に在住の皆様、おめでとうございます**（笑）！

こう考えると江戸時代以降、関東地方がずっと日本の中心なのも少しだけ納得できるのではないでしょうか。

ご自分で判断される場合は「龍脈」と「龍穴」を理解している人が「開発、整備、復興した場所」に目星をつけてもいいでしょう。

群馬県が誇るミラクル神社、**榛名神社**は戦国時代、ボロボロでしたが江戸時代になって「この場所、めっちゃ凄いじゃん！」として復興されました。

詳細は後述しますが、判断したのは徳川家康のブレーン、天海です。

天海は、家康が豊臣秀吉から「小田原、鎌倉、江戸のなかから移城地を選べ」と言われたときに「家康さん、江戸です！」と、三択の女王、竹下景子さんもびっくりの自信度で家康に指南したといわれています。天海は間違いなく風水マスターで、富士山からみて江戸が龍穴に当たる部分だとわかっていたフシがあります。

この「龍脈」と「龍穴」に、四神相応（しじんそうおう）の考え方が合わさって「風を蓄え、水を集める」のでき上がりとなります。

四神相応は、難しくないので、ついでに、基本事項を解説しておきましょう。

まず、背後に山。前方に海、湖、川などの水。そのラインを低い山や丘陵（きょうりゅう）でサポートして（囲んで）風水の基本フォーメーションが完成します。北が太祖山で、東西に山脈、南に水場（海、湖、川）を正統とする説もあります。

例えば、**箱根神社**（神奈川県）は典型的な四神相応のポジションといえます。東の青龍（せいりゅう）・南の朱雀（すざく）・西の白虎（びゃっこ）・北の玄武（げんぶ）の類は、ざっくり書くと、それがシンボル化されているだけです。

これが風水の「コア部分」です。

ここまで解説してきたように、「玄関に××を置いたらいい」とか、「西の方位にホニャララ」とかの情報は一切出てきません。お察しください（笑）。

以上のように風水による解釈には、さまざまな神域がありますが、風水ファーストで入ると、先述したように人それぞれの見解があり、魚目混珠（ぎょもくこんしゅ）で混乱しますので、**まずは気になる神社や寺院を探し、その次に「龍脈」と「龍穴」を自己判断のエビデンスとして活用する**のが効率的だと思われます。

2

招福パワーを たっぷり浴びるお参りのしかた

神道・仏教・自然スポットをどう使い分けるか

2章は、実践的なご提案です。「このとおりにしなさい」という強制的なことではなく、観光ガイドブック（開運編）のような楽しい感覚で読み進めていただければと思います。

神域の分類（32ページ）で示したように、①神道、②仏教、③自然が私の大きな分類です。そこで、神域に行く際の私のオススメの順番は、

①神道系（主に神社）で清め祓い、
②仏教（密教の祈禱（きとう）や術）のテクニックで術をかける

この順番は合理的だと思われます。

この①神道→②仏教の順は、書道で例えるとわかりやすいかもしれません。神社で真っ白な和紙を作成し、仏教（密教）という筆で黒い文字をその紙に書くという感覚です。したがって、リフレッシュのため「①神社のみ行く」というのは

アリだと思います。

ちなみに③自然は、日々のチューニングやメンテナンスです。なるべく効果が持続するように、近所に設定することをオススメします。

ここで1点ご注意。

②仏教（密教の加持祈禱）は、気分が落ち込んでいるとき、モヤモヤ感があるときは単独では行かない方がいいでしょう。そういうときは①神道、③自然を優先させてください。メンタルが安定していないときに密教系の術を受けることは、オススメできません。

神域に行く際の注意点

❶【行く前】部屋の片づけ、掃除は必須

神域に行き、せっかくよいエネルギーやバイブレーションを得ても、帰宅すると部屋がどんよりとし、散らかっていては効果薄です。幸運も持続しにくいでしょう。科学的には視覚情報にノイズが入り、神経や細胞も喜ばないからといえます。

行く前は部屋を徹底的に片づける（できることなら掃除する）ことをオススメします。

さらにケアするなら、部屋のなかに虹をつくってください。「サンキャッチャー」というアイテムを使います（インターネットで検索するとたくさん出てきます）。いわゆる「スペクトル光線」を部屋のなかに取り入れます。スペクトル光線は幸運を呼び込むという人もいますが、私の見解では、どんよりした空気を浄化する除霊に近いものと考えています。

スペクトル光線とは、

《波長が長い》赤↓橙↓黄↓緑↓青↓藍↓紫《波長が短い》

という、虹（レインボー）のことですが、波長の長短によるバイブレーション（光の振動）が、どんよりした空気をスッキリさせてくれます。

ここで一点だけご注意を。サンキャッチャーは、一時的にブームになったことがありました。このとき、球体のサンキャッチャーまで売られており、私はギョッとしました。「球体」は、光が集まり熱になって火事になる危険性があるからです。神域から自宅に戻ると火事だった、ではシャレになりません。不動明王様がお怒りになったのではなく、不注意と理科の勉強不足です（笑）。補足としては、太陽光が当たってレインボーを発生させることができればサンキャッチャーでなくとも、クリスタル系の置物で代用していただいてもかまいません。

❷【行く手段】公共交通機関や徒歩で行くのがベスト

本書で紹介している神域は、私のリサーチ結果（見解）によるご利益エネルギー強めの場所がほとんどです。こういう場所に行くと参拝後「次元上昇」のような感覚になり、霊感がなくても、ぽわ〜んとして、ぼーっとしてしまうという報告が少なからずあります。これまでと違う神仏のバイブレーションを吸引すると起こりやすいのかもしれません。

したがって自ら運転していくのではなく飛行機、電車、バス、タクシー、徒歩などをオススメします。あとは、忘れ物にも注意してください。

❸【行く人数】ひとりで行くのがベスト

友人とワイワイガヤガヤ、恋人とデートで神域に行きたい気持ちは理解できますが、ひとりで行くのがベストです。理由は繰り返しになりますが、神域とは相性がありますので自分が気に入る場所を相手も気に入るとは限らないからです。デートで使って喧嘩（けんか）しても、私は一切、責任を負いません（笑）。

ただし、血のつながったご家族や親戚など先天的なDNAが一致している場合はこの限りではありません。親孝行や家族旅行での神域めぐりは、友人や恋人にくらべると相性は悪くないようです。

また、ひとりで行くのは「気が散らない」「邪魔されない」ことも大きいと思われます。つまり、自分自身と対峙(たいじ)できることによって神域との同調性が増してエネルギーを取り込みやすくなるといえるでしょう。例えるなら、映画は友達と行くより、ひとりで観に行った方が入り込めるという感覚です。

❹【時間】早朝～午前中がベスト

パワースポット系の書籍には、しばしばこのことが書かれていますが、私も大賛成です。「晴れの日」であれば、シンプルに気分リフレッシュ効果も見込めます。

さらに、少しディープなことを書けば、雨の日(湿気がある日)も悪くありません。個人的には前日、軽く雨が降り、行く当日にスカッと晴れる日がベストという感覚があります。水蒸気が下から上がってきて「地の気」を感じやすいからです。

また、勅祭社(ちょくさいしゃ)などの格式ある神社は、毎日ではないと思いますが、おおよそ朝9時あたりから笛と太鼓を鳴らし、本殿でお供え物をしていることがあります。その儀式(シーン)を朝から目の当たりにできると神聖な気持ちになり、ちょっとしたお得感があります。

❺【行く途中】なるべく携帯電話やスマホを見ない

常に多くの情報にさらされている現代人。せめて神域に向かう途中は、なるべく携帯電話やスマホを見ずに、乗り物に揺られるアナログ感覚を感じながら、街や生き物の音に傾けながら自然流でいきましょう。自然の感性を上げておくと神域のエネルギーと呼応し、取り込みやすくなるはずです。

せっかくひとりで行っているのに、スマホや携帯電話ばかり気にしていてはもったいない感じがします。

神域（現場）でエネルギーを吸引するポイント

呼吸法でエネルギーを吸引してください。神域は基本、深呼吸でエネルギーを感謝していただきます。

呼吸法は全世界に500種類ほどあると言われ、いろんな人がいろんな方法を提唱しています。例えば、妊婦さんに適応させるソフロロジーやヨガの呼吸法などです。ヨガの呼吸法で思い出したのですが「クンバハカ」というのは、息をぐっと限界まで止めて体をあえて緊張させ、その後に一気に吐き出し、弛緩(しかん)してリラックスさせる方法です。私は小学校のころ、ストップ・ウオッチを手に「息を何分止められるか?」というのをよくやっていたのですが、たぶんあれです(笑)。

したがって、どれをチョイスするか迷うところですが、本書では「気功」の呼吸法を採用します。気功には他人を治療する「外功(がいこう)」、自分で自分を治癒する「内功(ないこう)」があります。そして、気功で発生させたエネルギーを体内に収める文字どおりの「収功(しゅうこう)」というのがあり、この**「収功」で行なう呼吸法こそがエネルギーを吸引する方法のひとつ**です。

考え方としては、気功の技でエネルギーを自力で発生させずとも、神社や自然系の神域に行けば、元からよい気のエネルギーが満ちていますので「あとは取り込んで、それを収めるだけ」というシステムです(楽ですね)。

①まずは、調節する心と書いて「調心(ちょうしん)」です。調心では、意識を胸の中心に集中させて肩をグリグリ回してリラックスさせ「自律神経」を整えます。リラックスすることで血管が開き、血行がよくなるので気をたくさん取り込める体になります。

②鼻からゆっくりと息を吸って、口をすぼめて細く長くはきます(はききります)。これを5~6回繰り返したら、ヘソからヘソ下の丹田(たんでん)にエネルギーが集まるイメ

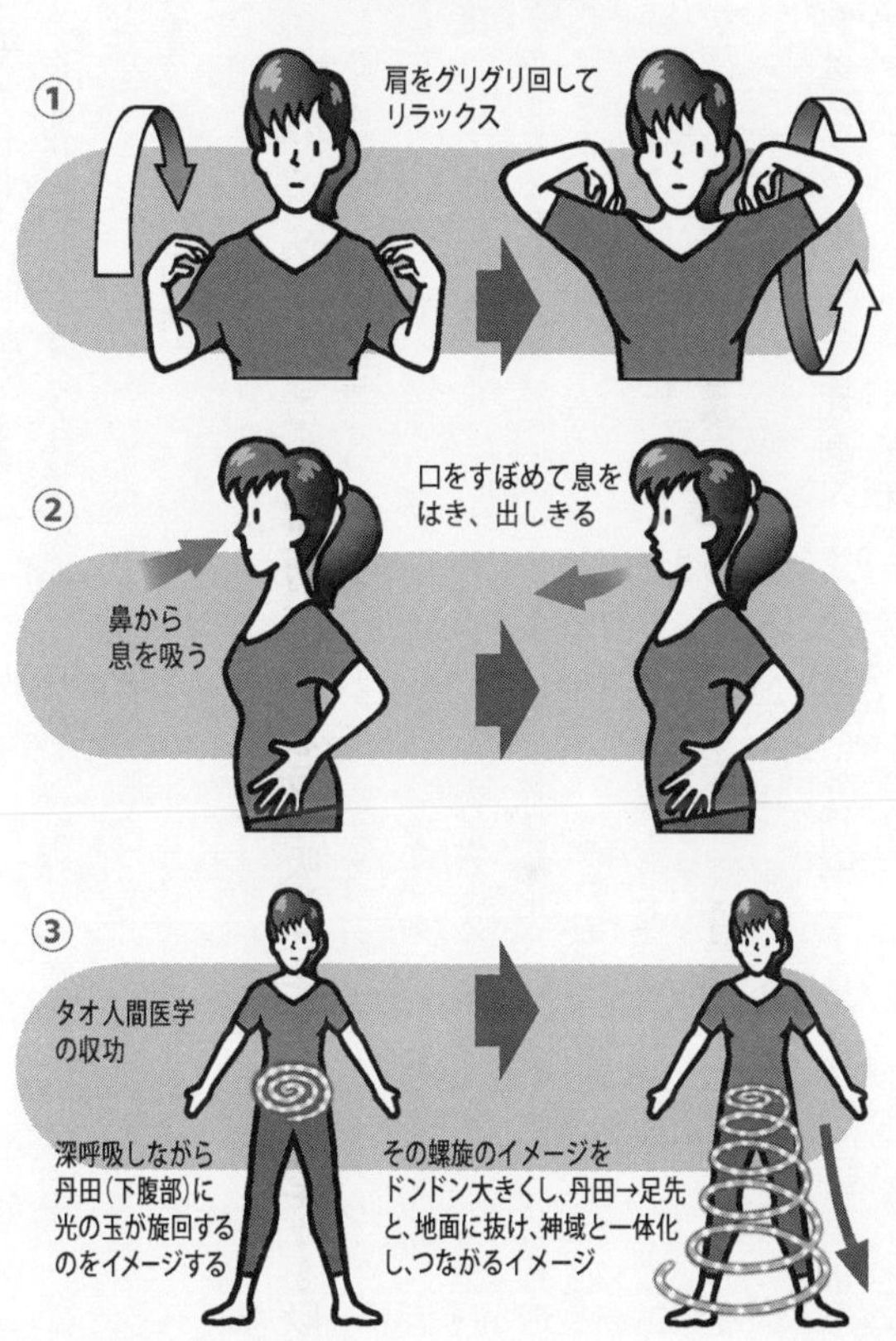
神域でオススメの呼吸法
①
肩をグリグリ回して
リラックス
②
口をすぼめて息を
はき、出しきる
鼻から
息を吸う
③
タオ人間医学
の収功
深呼吸しながら
丹田(下腹部)に
光の玉が旋回する
のをイメージする
その螺旋のイメージを
ドンドン大きくし、丹田→足先
と、地面に抜け、神域と一体化
し、つながるイメージ

ージで10回ほど深呼吸します。

③基本は②までOKですが、本格派の方は次の呼吸法まで行なってみてください。

●タオ人間医学の「収功」

下腹部のところで小さい螺旋を外回りに36回転、軽快に描きながら、だんだんと大きくしていき（男性は時計回り、女性は反時計回り）、次に反対回りに24回転させ、ヘソにエネルギーを集めます。（『タオ人間医学―天地と融合するヒーリング・サイエンス』謝明徳著・帯津良一監訳〈産学社エンタプライズ〉「収功」より抜粋引用）

言葉だけではわかりにくいと思うので少し解説を加えます。「収功」も流派によってそれぞれですが、筆者が採用するのはラジオ体操のような動きで行なう収功ではなく、完全に「イメージのなかで行なう収功（呼吸法）」です。鼻から息を大きく吸って丹田のなかに光の玉をイメージし、その光の玉を回転させてください。光の玉を下げながら丹田から最終的には足先までいくようなグラウンディングを意識（イメージ）すると同時に呼吸も深くしてください。

空海は独自の能力開発理論で「三密加持」を提唱しています。三密とは「身・口・意」のことで、「身」とは身体感覚、「口」とは言葉、そして、「意」とはイメージのことです。神域で「身・口」を使うと怪しい人になってしまうので「意（イメージ）」を採用するのがよろしいかと思います。

「エネルギーを集める」とは抽象的な言い回しですが、シンプルに意識化することです。まずは、おヘソの位置を「眼で見て」確認した後に意識すると実行しやすいでしょう。

旋回の意味合いですが、これは神道では「進左退右」といい、上からみて右回り（時計回り）は陽の気を得て、左回り（反時計回り）は陰の気を受けるといいます。

柔道や弓道では左足から入るのは作法になっており、剣術では、古来からの礼法で、男性は「右座左起」、女性は「左座右起」とされ、旋回（螺旋）の意味と意識はこういうところにも見受けられます。つまり、螺旋はエネルギーの出し入れの記号学だといえるでしょう。映画『スタートレック』の転送時や、漫画などの変身シーンで、光の輪が回転しながら身体を囲う描写がありますが、気功の書籍を多く読むと、あれはあながち間違っていないのだなと腑に落ちます。

また、「収功」でエネルギーをとらえると、足元がガクッとすることがたまにあります。根拠は定かではないので、ミステリアスな表現でお許しいただけるのなら、足にきたというよりも神気を取り込んで、重心が一時的に狂わされたと個人的には解釈しています。当然、悪いことではないと思います。ただ、そういう現象が起こったときは無理して動かずに近くで休憩を。「せっかくきたんだ。ゆっくりしていけ」という神様からの合図かもしれません。

呼吸法とは別に行なうとよいのは**「現地のモノを食す」「御神水（ごしんすい）を飲む」「温泉に入る（近所にあれば）」「薬草を食べる（見分けがつけば）」「御神木が入った御守を買う」**などです。

後々に大事なのは「心願（しんがん）」よりも、参拝時の（心地よい）体感を、臨場感をもってリアルに思い出せる「記憶のフック」となる行動です。

参拝時の体感を瞑想中などに思い出し、清々（すがすが）しい気持ちを呼び戻しましょう。記憶をクリアに呼び戻し、簡易的に行なう自己浄化法は、マル秘テクニックのひとつです。

神域に行った後の注意点

❶睡魔と闘わない

神域に行った後「ひたすら眠い」という報告が多々あります。長い人では1〜2

週間、ずっと眠かったという報告も。この現象は新たに御神気のバイブレーションを受け、体内にインストールしているという可能性が大なので、お酒はなるべく控えて家でゆっくり過ごして睡眠をいつもより多めにとることをオススメします。

科学的には晴れの日の場合、日光浴と神社から発せられるリラックス効果で体内からメラトニンが分泌され、よく眠れるようになったというシンプルな理由も考えられます。ただ、それでも、1〜2週間は持続するでしょうか。実に不思議な現象です。

どちらにせよ、睡魔と闘わないでぐっすりとお休みになってください。

❷とくに期待しない

神域のパワーは絶大ですが「幸運よ、早くこいこい！」と、悲壮な思いで懇願してはいけません。成就した後に「もしかしたら効いたかな？」くらいの曖昧さ、ぼんやりさが大事です。

❸思い出して気持ちよくなる

「楽しかったな、気持ちよかったな」と、目を閉じ、五感を使って思い出す（イメージ化）するのは心身によいことです。美味しかったスイーツを思い出すだけで唾が出てくるように、神域もリアルに思い出すだけで呼吸も深くなり、リラックスできます。

この「思い出す」という作業があるので、仲たがいする可能性のある友人や恋人と一緒ではなく、なるべくひとりで行くのがベストなのです。順調に関係を構築できていればよいですが、嫌なことがあった場合、同伴者のことも一緒に思い出してしまいますからね。

❹心願成就のときは全力でお礼に行く、行きまくる！

どこの何が効いたかわからない場合でも、感謝の気持ちを満タンにして、なるべくすべての神域にお礼に行きましょう。神社やお寺などだけではなく、自然も同じです。自然の場所は落ち葉やごみ拾いなどの清掃を行なうといいです。遠方の場合でなかなか行けない場合は、情景を思い出して感謝します。また、お礼のときはお礼に集中してください。

「ついでなので、新しい宣言（祈り／い宣り）」は、原則としてＮＧです。

❺おまけ情報（幸運の予知）

動物が妙になついてきたりするようなプチ・ターザン現象（自然同調のこと、168ページで解説）が頻繁に起こりはじめたとき（明確に意識できたとき）、2～3か月以内によいことが起こる可能性大です。これはシンクロニシティ（偶然の一致、共時性）であり、プチ・ターザン現象は前触れ・前兆現象と理解することができます。ワクワクした気分を大事にして、生活のリズムを乱さないようにしましょう。

どのくらいの時間で開運体質に変わるのか

新たな方法論の知識を得て効果が発生、しっかりと身につくまでどのくらいの期間が必要なのでしょうか？

開運や招福を「習慣」と変換してとらえ「習慣が身につくまでの日数」としてアプローチしてみました。さまざまなジャンルのノウハウ本には、この類の指摘は少なくなく「最低1週間続けてみよう」ですとか「いやいや10日だ」など、いろんな人が、いろんなことを「勘」や「経験」でおっしゃっています。

しかしながら、時間には世界共通の単位（年・月・日・時間・分・秒）があり、単位が明確なものは世界のどこかで誰かが研究していることが多いのです。したがって、勘で考えるよりも科学的に歩を進めた方が普遍性が高い「効果的な目安」が見つけやすくなります。この法則にもれず、2009年、英国ロンドン大学のフィリッパ・ラリーさんのチームが「習慣が変わるまでの期間」について明確な根拠つきで発表しました。

その答えは「平均66日」であると。

ただし、これは「まっさらな状態からのスタート」として発表されたものですので、すでに予備知識がある本書のような開運を狙った場合、もう少し日数を減らして「約50~60日」と考えてもよいかもしれません。

なぜなら初詣で神社参拝に行く日本人は、人口の約8~9割といわれているからです。

初詣に代表されるように、日本人の奥底には、こういうスピリチュアルな魂は今でも深く刻まれています。

というわけで、神域エネルギーの恩恵を受けて**「開運体質」になるまで「50~60日（約2か月）」**という目星をつけておいてください。

その期間内に、神域へのローテーションを組み、最初だけは「2週間に最低1か所のペース」で実行したいところです。起点は「よし、参拝に行こう」と考えた日ではなく、実際に「1か所目に参拝した日」から換算してみてください。その後の参拝数は「気のすむまで」でOKです。私は、カフェに行くような感覚で神域を訪れています。

そして、この最初の2か月間が大事です。

「違和感、嫌な感じの習慣や人とのかかわり」がインスピレーションで感じてきたら、その対象として感じられた習慣や人はしばらく遠ざけた方がいいでしょう。

また、お賽銭やおみくじについてですが、これは厳密な定義はなく、いろんな人がいろんなことをおっしゃっていますので「お好きなように」でいいと思います。

一応、私のこだわりをご紹介しておくと、おみくじは引かず、お賽銭は「3〜5枚」のコインを滞空時間長めに「チャリン♪」と、あえて音が鳴るように投げ込んでいます。神様に「来ましたよ〜」の合図です。

ご利益の正体とアプローチ

まずは「ご利益の定義」から。辞書（大辞林第三版）には以下のふたつで解説されています。

①神仏を信ずることから受ける恩恵。めぐみ。

②人や金品から与えられる恩恵。

辞書の弱点は、多くのワードを手短に、かつ簡潔に示さなければならないので、ぼんやりとした説明になりがちです。ここから深慮すると、

③間接的だが直接的な心願成就につながりそうな現象

④自分自身に「確信」や「閃き」が湧き出てくる恩恵

この4つが辞書的な意味での「ご利益」かと思われます。

では、どうすればご利益を得られるのでしょうか？　それこそは、読者の皆さんが知りたい核心部分のひとつだと思います。

メカニズム（構造）とテクニカル（技術）のふたつに分けてご説明いたします。

まずはメカニズム。

【ステップ1】心身の活性化（コア部分）
【ステップ2】ステップ1の結果、仕事運、恋愛運などに派生

神域によるご利益はつまるところ、心身の活性化という核（コア）の部分が上昇した結果、その派生としてさまざまな運気（金運や恋愛運）も上がって心願が成就するということです。

したがって、まずは特定の効果を狙いに行くよりも、相性がよい神域をみつけて「運を上げるため何回か通う」くらいのイメージがよいかと思われます。

次にテクニカルな要素です。

神域に行き、一度だけグッと念を込めた後は手放して「緩む（和む）」のがベストだと考えます。

精一杯の努力をした後は、諺にもある「果報は寝て待て」のような感覚でしょうか。もっと言えば「何が効いたかわからない」くらい、ぼんやりさせて潜在意識の奥に埋め込んだ方が、引き寄せや心願成就の継続性が高いと思われます。

このことは、自己実現、瞑想、潜在能力、超能力にいたるまで、名著といわれる本には示し合わせたように同じことが記述してあるので普遍のセオリー、共通事項といえるでしょう。簡略化して書くならこうです。

ご利益を得るためには、

①参拝前は、身の回りを整理整頓する。
②参拝時は、達成をクリアにイメージして、グッと「宣言（い宣り＝祈り）」をする。
③参拝後は、宣言した情報を手放して緩む（和む）↓現実的に頑張る。

また、科学的には証明できないのですが、私はご利益の正体はシンクロニシティ（偶然の一致）ではないかという仮説を立てます。参拝という手続（技術）を介在させ、強制的に現実化させるというシステムです。シンクロ現象に関しては『《偶然》の魔力　シンクロニシティで願いは叶う』（秋山眞人、協力・布施泰和／河出書房新社）という本に明るいのですが、右に簡略化して示した①↓②↓③の方法論も、若干の違いはありましたがほぼ同じような記述を確認できました。

朗報が飛び込んでくるタイミングというのは、意識せずに緩んで（和んで）「リラックスしているとき」という経験がある方も多いのではないでしょうか。

そして、こうも思うのです。

神社仏閣は、自分を信じきるための崇高な装置であると――。

ご利益を最大化させる技術

「神」や「ご利益」という言葉には神秘的かつ奇跡的な意味合いを思いつく方も多いかもしれません。

しかし、心願成就を考えた場合、現実的に攻めた方がいい場合があります。

とくに、初期段階の場合は強く意識した方がいいでしょう。

神様からのご利益であれ、普段の仕事であれ、素敵な恋人ゲットであれ、結局は「目的達成」に帰結するわけですから、まずは「成功体験」を意図的につくり、循環させせます。

これを「ご利益のサーキュレーション（循環）」と呼びます。

そのためには、達成しやすい「高確率ゾーンを狙うこと」を意識してください。

例えば、競争倍率1000倍の試験にいきなり挑戦↓失敗して「あそこ（参拝した神社）はご利益がなかった！」というのではなく、競争倍率5倍、10倍といった「少し頑張れば達成できそうな目標を設定する」というイメージです。いうなれば、心願成就の自己確信も育てていく感覚。

ここはフワフワさせずに、技術（意図や知識）を介入させます。

さらに、「神」や「ご利益」とは無関係と思われがちな指数や指標の数値データを使って、魚群探知機のような感覚ももっておくとよいでしょう。

例えば、あなたが地域創生の実行リーダーになったとします。予算と効果性を考えた場合、どこかの行政地区とコラボレーションを考えなければなりません。そういうときは、闇雲にいろんなところに「お願いします！」と言って回るのではなく「予算がありそうな行政区」に狙いを定めるのは悪くない筋です。

そのためには、総務省が毎年発表している「財政力指数」という指標を使います。数値が1以上なら税収黒字で、0・99以下なら赤字です。ただし、0・99以下から助成金が受けられるカラクリなので、0・95〜0・99でも「リッチな行政区」と考えられます。

これはあくまで例えですが、こういう現実的なアプローチも常に連動させたいのです。

ぼんやりと漠然とした意図で、ありえないミラクルを期待していてはご利益を受けにくいということですね。現実直視と両輪を回すということ。

スピリチュアルや精神世界が好きな方は、数値的な（現実的な）根拠をもって「圧倒的な現実把握力」も搭載し、それに伴った行動をすると強力なご利益を得られると思います。なぜなら、抽象と具体の思考を同時に進行させているからです。

まずは高確率ゾーンに身をおき、心願成就しやすいことからクリアしてください。そこから、徐々に雪だるま式にご利益を最大化させるといいでしょう。そうすれば、競争倍率1000倍の難関にさえ自信をもって挑むことができます。

「現実ばかりの人」

「スピリチュアル（精神世界）ばかりの人」

どちらかに偏っている人には大きなエネルギーは宿らない可能性大です。

ハイブリッドを目指しましょう。

「コンセプト」でご利益の確固たる受け皿をつくる

開運や招福は日々のワクワク感の演出にも使えますが、現世利益（げんせりやく）に直結させたい場合、「受け皿」をしっかりさせておくことも大事です。さっそく、前項で述べた数値データを駆使し、ビジネス要素を拝借して「ご利益を最大化するためのマネジメント」を考えていきましょう。私の専門分野である観光経営の視点から事例を出してみます。

日本の宿といえば旅館です。全国各地、風流で素敵なところが多いのですが、経営状態という視点で見れば厳しい状況のところも少なくないようです。

WHY JAPANESE PEOPLE?!

国際労働生産性という国と国の労働生産性を比較できる指標があります。宿泊業に関してはアメリカを100とした場合、日本は30程度しかありません（日本生産性本部）。この主な要因はふたつだと思われます。

ひとつめは、アメリカのホテルは8〜9割がチェーン店で経営効率が最適化されている一方、日本の旅館やホテルは8〜9割が世襲（同族）経営であることです（経験に頼りがち）。もうひとつは、人口増加という、ボーナス期間の恩恵を受けたことです。しかし、ご存知のように2006〜09年あたりで日本の人口はピークを迎え、内需に頼ることは難しくなってきました（ジリ貧傾向）。

この打開策はアメリカの経営手法をそのまま真似るのではなく、よいところは吸収しつつも「コンセプトを深掘りすること」です。

このコンセプトを深掘りした「一点突破」のマネジメント戦略を「ランチェスターの法則（Lanchester's laws）」といいます。

元々は、戦闘用の数理モデルでしたが、経営戦略にハメ込むとスッキリ理解できて効果的なので、日本でも15年前くらいからビジネスに変換させた書籍が多く出はじめました。現在でも「これの考え方はよい」として、持続的にさまざまな角度からランチェスター本が出版され続けています。

ＭＢＡ（経営修士号）の授業などで語られるロジカルシンキング（論理的思考）は、情報が多い昨今、すでに「ロジカルシンキング渋滞」が起こっていると主張する経営学の先生も出始めました。こういう時代背景から、職人肌の日本人が得意そうな「ランチェスターの法則」は、効果的に作用するのではないかと私は考えています。

山形県米沢市にある「時の宿すみれ（湯の沢温泉）」は、これを体現した宿です。この宿は「おふたり様」のみが顧客対象。ホームページには、次のように書いてあります。

「時の宿 すみれ」は、「おふたり様」専用の旅館です。誠に申し訳ございませんが、お一人様、三名以上のお客様のご宿泊はお断りしています。ご夫婦や、恋人同士、友人、親子…、あらゆる大切な「おふたり」に。「特別な時間」を過ごしていただくことが、当館の役割です。

（２０２２年10月現在のＨＰより）

「おふたり様」というコンセプトで一点突破し、今では人気旅館のひとつとなっています。

ちなみに、「時の宿すみれ」から車で20分ほどいくと、上杉神社の宝物殿として刀や甲冑(かっちゅう)、絵画などが収蔵展示されている稽照殿(けいしょうでん)があり、見どころ満載です。直江兼続(なおえかねつぐ)が所用していた「愛」の文字が入った、あの甲冑(かっちゅう)もあります。

経営学の講義のようになってしまいましたが、数値データと学術的な根拠を味方にしてコンセプトを掘り下げると、心願(達成したいこと)がクリアになりますので、ターゲットが明確になります。ご自身のコンセプトを掘り下げて、どうなったらご利益なのか？　をはっきりさせておくといいでしょう。

3種類の運を整える

日本におけるツキの研究者の第一人者でもある谷岡一郎氏の『ツキの法則』(PHP研究所)によると、運は3種類あるといわれています。

それは、エネルギーの種類の箇所で既述しました「天・地・人」と同じ「天運・地運・人運」です。便宜上、天運、人運、地運の順で解説していきます。

❶天運とは何か

天運は生まれてきた時点ですでに決まっている先天的な運です。明確にわかりやすく、物事の前半戦に現れやすいのが特徴です。俗にいう「ビギナーズラック」は、天運の範疇(はんちゅう)に入ると思われます。

その整え方は、生まれもった運気ですから、ご自分の**産土(うぶすな)神社にお参りする**のがセオリーといえます。生まれた場所(病院)を起点に調べましょう。生まれた病院がある町内会や、出身都道府県の神社庁に「〜病院がある地区の産土神社はどこでしょうか?」と、問い合わせると教えてくれます。

❷人運とは何か

人運は、人と交換し合う相対性のなかで判明する運のことで、いわゆる「あげまん」「さげまん」などがわかりやすい例です。これは、その人の歩んだ人生のプロセスで「ああ、なるほど」と、後づけ的にわかることが特徴といえるでしょう。

例えば、有名人の熱愛、結婚、離婚相手など、サンプル数を蓄積すると研究材料になると思います。この人運のセオリーはDNAの数だけパターンがあり、膨大なので形式知で語ることはできませんが、外見にとらわれず所作や言動で「なんか、この人はイヤだな」という消去法で判断するのがよいでしょう。

また、最近はインターネットで個人のチャンネルから発信もしやすいですが、そこで自虐的であったり、ネガティヴな発言が多く、周囲からかまってもらおうとする発言が多い人も注意された方がいいと思います。なぜなら「負の渦（巻き込み）」が、そこにあるからです。

さらに、これはあまり語られないことですが「鋭い洞察だけして終わり」という言動は非常に危険です。国会では野党に多くみられます。「そうだ！」とはなりますが「では、どうすればいいのか？」までいきません。

日本では言動の発信者よりも、「勉強してないお前が悪い」というふうに受信者に責任があると見る向きが多いので、指摘と提案はセットで考えたいところです。提案ができないなら指摘はすべきではありません。これは人運とコミュニケーション能力を上げるテクニックのひとつです。

もうひとつ。ご自身が周囲によい影響を与えたい場合、翻訳された多くの成功哲学の本にも載っていますが、なんといっても「感謝」がキーワードです。ただし、西洋式の感謝は日本人からみてオーバーリアクションですから、職人肌で自己表現が苦手、複雑性が満載の賢い日本人には、日本人独特の「感謝」のテクニックがあるように思います。

どういったテクニックでしょうか。

それは「準・上位概念」を好きになるということです。

例えば私は、水でも、お茶でも、お酒でも「飲む」（水、お茶、お酒の準・上位概念が「飲む」）という行為自体が好きなので「飲めること」にワクワクしますし、感謝しています。さらに「椅子に座ること」も好きなので「椅子」という体重を支えてくれる物理的な存在へのリスペクト、そして何より「座る」という行為が楽しいのです（厳密には、椅子に座れる「苦→楽」になる数秒前のみ）。

これは他人に語ることではありませんが（変人扱いされる可能性アリ）、自分のなかに「好きの母数を増やしていること」につながります。**好きのエネルギーは強大なので、一度ご自身が好きな「準・上位概念」を、人生を遡って検索してみてください。**対象は何であれ「集めるのが好き」「読むのが好き」「観察するのが好き」「準備が好き」「洗うのが好き」などいろいろとあるでしょう。

「準・上位概念」への意識は、能力だけで幸せの価値を決められがちな昨今、自分自身への「あり方に対する意識」が豊かになり、人に与える印象もよくなっていきます。

❸地運とは何か

これは、まさに本書や他の開運本、成功本などで示しているような、知識を介入させて積み上げる「後天的な運」のことです。運命を切り開くために行動したり努力する環境を整える運ともいえます。ビジネスで成功している経営者の方々（とくに創業者）は「地運上げがすべて」とおっしゃる方もいます。

この天・地・人の運を、それぞれ整え、丁寧に上向きにしていこうとする行為こそが「運気全開のコツ」といえます。

ということで次章より「地運の上げ方」を、さまざまな「運気」に分類し、神域をご紹介しながら実践形式で解説していきます。

箱根神社での奇跡体験——ちょっと一服

富士山から大きなくくりでの龍脈のなかにいて、自身でも典型的な四神相応のフォーメーションを形成し、龍穴のポジションをとっている神社。それが箱根神社です。81〜83ページで詳しく紹介しますが、箱根神社（九頭龍神社）はご利益の幅が広く、どういう切り口で紹介すべきか迷ったのですが補足として「この神社（神域）はキテるな」と感じた体験エピソードをひとつ。

私は東京都内在住なので箱根神社（九頭龍神社）へは日帰りでの参拝が可能です。前日から「本気の参拝モード」を開始して、21時30分には就寝、朝5時に起きます。新宿発、小田急線の特急ロマンスカー7時37分（はこね1号）もしくは、8時11分発（はこね3号）に乗ります（ダイヤは平日、2022年10月現在）。

約1時間35分で箱根湯本駅に到着後、そこからバスで約30分です。バスの道中、途中までは箱根駅伝の往路5区と同じルートなので坂道と急カーブが多く、車酔いする人は注意してください。ユニークなバス停のネーミングも楽しみながら元箱根駅で下車。そこから左手に芦ノ湖をみて徒歩約10分で鳥居が見えてきます。

ここからが体験エピソード。

普段は暇なのですが、そのときだけは多忙で首を痛めてしまった私。疲れも溜まって「浄化してくるわ〜」と、いつものように5時起きして箱根神社へ。参道に入り、第三鳥居をくぐると、すぐ右側に第六天様の祠が見えてきます。普段は気にしないのですが(失礼)、そのときだけは「ん?」と気になって祠を見た瞬間、痛めていた首が、「ボキッ! ピキピキ!」と、普段鳴らないような音が!

「うわ!(第六天様に)なんかされた!」と、焦りましたが、「あれ? あれれ?」。

そう、漫画のように首が治っていました。

ただ右を向いただけで、あそこまで首が鳴り、治ったのは人生でこの1回きりです。今でこそ箱根神社(九頭龍神社)クラスなら、あのくらいは当然とも思えますが当時は本当にびっくりしました。また疲れが溜まったらマッサージ屋さんよりも箱根神社に行きたいと思います(笑)。

3

お金・恋愛・健康…
願いを叶える神域とは

金運を上げる神域

金運を上げるには、ふたつのルートがあります。

❶仕事運

❷宝くじ／ギャンブル運

ここでは❶❷について別々にアプローチしたいと思います。まず、判断基準はなんといっても「実績」でしょう。

❶仕事運を上げる神域

私個人の感覚では開運や招福のテクニックを駆使すると、一番先に上がるのは「人気運」というイメージがあります。無理のない交流運といってもいいかもしれません。稼げるかは別として、よい意味で忙しくなります。

そもそも「幸運」は、他人がもたらしてくれることが多いので、理に適った順序といえます。ここから神域を探す視点は、人気運も上がって稼げる場所という視点がよろしいかと思います。

最初にご紹介するのは、スピリチュアルにも造詣が深い船井総研の創業者である船井幸雄さんが、「お金に困りたくなかったらここへ」と助言したという、石川県白山市の**金劔宮**です。全国から経営者がわざわざ訪れることでも知られています。

空気感も澄んでおり、金劔宮不動滝というコンパクトな滝が安定したヒーリングを演出しています。石川県白山市は、このあと恋愛運の項目で紹介する白山比咩神社もありますし、着実でかつ、強力な神域が多い印象があります。北陸新幹線も開通し、兼六園と美味しい魚だけで済ませるのは非常にもったいないですよ！ 石川県は金沢だけではなく、白山市へもぜひ！

そのほか、仕事運から引き寄せる金運は5章で解説するテクニシャン神「～稲荷」もしくは、弁才天を中心に狙った方がいいでしょう。そう考えると、日本の三大稲荷、**伏見稲荷大社**（京都）、**竹駒神社**（宮城）、**笠間稲荷神社**（茨城）は外せません。ただ、三大稲荷がどこであるかは法律で決まっているわけではないので「ウチも三大稲荷じゃい！」という神社も存在します。そこは「それだけ自信がある」とみて、その神社にも期待してみましょう。

弁才天に関しては、三大弁天とする場合、竹生島の**宝厳寺**・**都久夫須麻神社**（滋賀）、宮島の**大願寺**・**厳島神社**（広島）、江ノ島の**江島神社**（神奈川）の3つと言われる場合がありますが、天川村天河神社（奈良）を含む場合もあります。弁才天（サラスヴァティー）は、仏教の発祥でありながら、神社に祀られていることが多い人気ある仏様です。ということで、商売繁盛からの金運アップを狙う方は、お稲荷様と弁才天に着目し、結果にコミットさせてください。

仕事運＝勝負運と変換させて、もうひとつ。

東京都港区白金にある**覚林寺**（清正公堂）を紹介します。ここは加藤清正の位牌を置き、江戸時代から「白金の清正公様」として地元民に親しまれています。毎年5月のゴールデン・ウィーク期間中に行なわれる「清正公大祭」には、葉菖蒲の入った「勝守」が頒布されます。

武運がメチャクチャ強かった清正公にあやかり「勝負に勝つ」という意味が込められています。

覚林寺は軍神の毘沙門天を祀っており、勝負事に滅法強いお寺さんといえるでしょう。白金にリッチピープルが多いワケが少しわかってきましたね（笑）。

❷宝くじ／ギャンブル運を上げる神域

実績として申し分ないのが熊本県南阿蘇にある**宝来宝来神社**です。宝来宝来と書いて「ほぎほぎ」と読みます。「当銭神社」ともいわれるこの神社には確率を操作する何か得体の知れないパワーを感じます。

2016年の4月に起きた熊本地震でも、身代わり観音様が倒れたくらいで、大きな被害はなかったといいます。「開運における総合デパート」のような仕様になっている宝来宝来神社ですが、必ず行くべき場所は、御神体でもある「当銭岩」です。ここに「呪文の唱え方」という看板があるので、そのとおりに行なってみてください。

この神社は正直言いまして崇高で神聖というよりは、怪しい神秘さという表現の方が適切な神社です（失礼・笑）。しかしながら、第617回グリーンジャンボでの5億円当せんを筆頭に、結果を出し続けていることから「怪しいけど全力で信じてみる価値アリ！」という「人の気」が力強く渦巻いているパターンとも言えるでしょう。

日本人の強みであり、弱点でもあるのは「フォームにこだわりすぎる」という点です。振り子足打法のイチロー選手も、トルネード投法の野茂英雄投手も、最近では二刀流の大谷翔平選手も、最初は周囲から「邪道だ！」といろいろとイチャモンをつける人が多いのですが「結果」さえ出せば「すげえ〜！」「その秘密とは？」

となるのが人間の面白いところです。宝来宝来神社は、イチロー選手、野茂投手、大谷選手のタイプだと言えるかもしれません。

もうひとつ。ここは強烈すぎて非常にヤバい香りさえするのが、**南蔵院**（福岡）です。

なぜなら住職自身が、宝くじを当てまくっているからです。密教の奥義をバリバリ使っているとしか思えません。住職の名前は林覚乗さんといい、1995年の1億3000万円を筆頭に何度も高額当せんさせています。

高野山真言宗の別格本山でもある南蔵院は、世界最大級の大きさを誇る、全長41メートルの釈迦涅槃像（寝っ転がっているお釈迦様／ブロンズ製）でも知られています。その御姿から放たれるオーラは「ま、宝くじくらい当てて当然っしょ」という余裕さえ感じます（笑）。

南蔵院の釈迦涅槃像が完成した際、世界各国から1000人以上の僧侶が集まったそうで、世界からも注目の的だったことがうかがい知れます。観光経営の視点では、1000人以上の経済活動（外需）になるわけですから、数年に1回でいいので大イベントを定期的に行なって、インバウンドビジネスにつなげてほしいところです。

ご利益もあって、日本経済にも貢献。住職の林さんは当せん金で多額の寄付もされているそうで徳が高いですね。もしかして、当たるコツみたいなのを熟知している住職は寄付する（世の中に貢献する）前提で宝くじを購入していらっしゃるのではないか、と私は考えています。

最後、3つめは何といっても関東総鎮守（そうちんじゅ）、**箱根神社（九頭龍（くずりゅう）神社）**でしょう。

敷地も、ご利益の範囲も広めですので事前リサーチが必須の神社といえます。一応、金運としてご紹介しますが、野球でいえば「攻・守・走」のバランスが高いレベルで揃った「高打率の3番バッター」と考えてください。西武ライオンズの全盛期を支え、福岡ソフトバンクホークスの前監督だった秋山幸二さんの現役時代をイメージさせる神社です。また、風水の先生は誰に聞いても「箱根神社は典型的な四（し）神相応（じんそうおう）のデザインになっていますね」と、おっしゃいます。私のオススメの場所を3つ示しましょう。

ひとつめは**「本殿に上がる前の巨木群」**です。ここは視覚的にも圧巻ですが、空気も澄みきり深呼吸は必須で、できれば5分くらい立ち止まってほしい場所です。ただし、かなり横幅が狭いので、ずっと立ち止まっていると「あの人は何しているんだろう？」と見られますので、最初は周囲からのプレッシャーに耐える必要があります。慣れると、そんな小さなことは気にならなくなります。写真を撮り、画像を保存して疲れたときなどに見ると、スッキリしてよいかもしれません。歩いた先に89段の階段があり「89（厄落とし）」にかけているのも納得できます。「浄化されている感」をダイレクトに感じることができる強力かつ、不思議な場所です。

ふたつめは**「龍神水」**です。本殿に参拝後、お隣の九頭龍神社新宮にもお参りして「龍神水」も、ありがたく飲みましょう（ペットボトルに入れて持ち帰れます）。

箱根神社は、有名な安産杉もあり、恋愛運に効くといわれていますが、ようは恋もお金も「引き寄せるバイブレーション」が強いのだと思います。

さらに、もう1歩踏み込んでみましょう。

最後3つめは、**本殿左奥の森林**です。待合殿を右手に歩き、親鸞の「慈悲の像」を左に見ながら少し奥に進んでください。1万巻にも及ぶ経典を読んだので万巻（萬巻）と名前がついた修験道マスター、萬巻上人の勧請で建立された**「箱根権現跡」**があります。災禍にあって跡地ではありますが、この一帯のエネルギーは神社とはまた違う力強いエネルギーを感じることができると思います。

ピンポイントで示すなら、天皇陛下御即位20年の記念植樹の周辺はよいです。また、本殿向かって左側に「清め湯」なるものが新設されて非常に高いエネルギーを感じます。箱根神社（九頭龍神社）は、ほぼ隣接している芦ノ湖や龍神水など「水」の意識が強めではありますが「箱根権現跡」のように「地の気」もしっかりと感じられる場所があるのが特徴です。

ここは一見すると普通の森で、風景としては地味です。ゆえにガイドブックでは紹介されにくい場所でしょう。こういうところが「穴場」なんですねぇ（笑）。

ダメ押しで、箱根神社（九頭龍神社）スペシャルを。

毎月13日に行なわれる九頭龍神社（本宮）の月次祭です。これは箱根神社から船で行きます。箱根神社のすぐ隣にあるのは「新宮」で、船で行く場所が「本宮」です。13日の10時からスタートするので、遠方の方は温泉ツアーを並行させ、12日から前泊するのがオススメです。

詳しくはＷＥＢへ！

恋愛運と美貌運を上げる神域

恋愛運と人気運は混同しがちですが別物です。

まずは整理しておきましょう。

人気運が「不特定多数の人からモテる」なら、恋愛運は「お互いにつながり、大切に思いやる」と言えます。よって、人気運はビジネスに向き、恋愛運は個人向きと言えます。

そういう視点で神域もご紹介していきましょう。

恋愛運に関しては、まずはダメージ・コントロールです。

ズバリ、最初に行くべきは「縁切りの神域」です。

良縁のためには、まず「悪縁」「腐れ縁」を断つということ。

まっさらにした後、恋愛のエネルギーを吸収します。

東京都板橋区本町(ほんちょう)にある**「縁切り榎(えのき)」**は、その名もズバリ、悪縁を断ち切ってくれます。この神域の強力性は江戸時代、皇女の和宮(かずのみや)が徳川へ嫁入りするときのエピソードが有名です。なにせ「縁切り榎」を嫌ってわざわざ迂回(うかい)するための道をつくってしまったのですから！

祀られている神様は、謎多き第六天といわれる神様です。仏教界でいう欲界天の第六、つまり最高所に宮殿を備えた天魔です。そして、その御神木が「縁切り榎」なのです。

徳川の世では、夫がどんなにダメダメでも女性の方から別れることができませんでした。そこで、縁切り榎の樹皮を煎じてお茶にすれば、縁切りできるという「術式」が完成しました。縁切り榎には、樹木を削り取った跡がたくさん残っていたと言います。人の「念」や「思い」が神域化したパターンですね。

ちなみに、恋愛だけではなく、酒（暴飲暴食）、ムダ遣い（衝動買い）、タバコ、ギャンブル依存症など、さまざまなものを断つことに効果があると言われています。現代では「絵馬」に、断ち切る対象を「具体的に書く」のがよいとされています。「縁切り榎」の、すぐ近くにある「名物榎そば」の幟が立っている「長寿庵」で絵馬を購入しましょう。まずは「縁切り榎」で「運気のデトックス」を。

「縁切り」を得意とする神域は、ほかに、京都の**安井金比羅宮**、埼玉県の**鴻神社**、島根県の**佐太神社**、香川県の**金刀比羅宮**、**福岡県の御井寺**（縁切りの塔）があります。

悪縁を断ち切った後はいよいよ「恋愛パワー」の吸収編です。

東京都内でしたら、昔から残っている庭園でかつ、婚礼が多く行なわれる**目白庭園**から**ホテル椿山荘**一帯は恋愛に効くパワースポットといえます。土地のよさに加え、人のワクワクした「気」が充満しています。

椿山荘は明治の元勲、山縣有朋のお屋敷ということが有名ですが南北朝時代、すでに「椿」の景勝地でした。椿山荘に関しては、偉い人のお屋敷ということよりも

「椿」が大事なキーポイントです。椿油はカメリアオイルと呼ばれる、世界三大オイルのひとつで保湿力や抗酸化力にたいへん優れています。そんな景勝地は、女性なら誰しも永住したい場所ではないでしょうか。椿山荘は婚礼などの「よい気」が充満し、かつ「椿」がたくさんある場所です。

また、応用パターンとして「昔からある美しく整備された庭園」は、メンタルをよいバランスにしてくれる効果があります。木々や緑、そして人々のワクワク感（残気）が何百年と重なって蓄積されているからだと思われます。例えば東京都内ですと、**旧岩崎邸庭園**、**殿ケ谷戸（とのがやと）庭園**、**小石川後楽園**、**六義園（りくぎえん）**、**浜離宮恩賜庭園（はまりきゅうおんしていえん）**などが該当します。

ここで、裏ワザを伝授しましょう。

これらの庭園では、ガイドボランティアをすることができます。ボランティアなので報酬はありませんが「庭園から発生するエネルギーを取り放題」という見方もできます。ご興味ある方は東京都の「庭園ガイドボランティア」で検索してみてください。そこで素敵な出会いもあるかもしれませんよ！

次に、全国版として強力な神域を。

石川県の**白山比咩（しらやまひめ）神社**は国内屈指といっていい恋愛と調和の神域です。菊理媛（ククリヒメ）を祀り、ものごとをひとつに「括る」は、この菊理媛が語源で、イザナギノミコトとイザナミノミコトの夫婦仲を取りもったとされる女神です。その後に天照大神を産みます（『日本書紀』による）。

日本人らしく「和」を大事にし、恋人を見つけるのは当然、パートナーに不安を感じたときなど、訪れるといいでしょう。そこで良縁なら状況は好転するでしょうし、ダメならきれいに別れさせて新しい恋をもたらせてくれる可能性大といえます。

ほかに面白いのは、やはり日本第一の美麗神、京都の**河合神社**です。鏡絵馬という手鏡に見立てた絵馬に、自分がなりたい風貌を描いて（お化粧をして）奉納します。正直言いまして、最初は「眉唾だなぁ～」と疑っていましたが、河合神社にお参りに行った教え子の学生が驚くほど美意識が高まっていったのを何人も見ているうちに「これはあるな」と確信しました。

調べると、美人すぎる神武天皇の母、玉依姫命を祀っており、世界遺産に登録された下鴨神社（賀茂御祖神社）の摂社とくれば「納得！」と思った次第です。

恋愛に関しては、キャッチーなので、よくマスコミで取り上げられます。しかし、男女共通で悪運を断つ「縁切り」さえ実行すれば、後はどの神社でも効果があると思います。なぜなら、悪運を断ち、清めて祓って自分を充実させていけば、自然と人から注目されるからです。

ただ、女性は河合神社などの「女性特化型の神社」がありますが、男性に関しては違います。男性は、威風堂々とし、自らの実力を上げるべく、よく学び、よく遊び、よく稼げば、恋愛のためだけに神社に行かなくとも恋愛運は上がります。ここは現実的にピシャリ。

健康運を上げる神域

スピリチュアル（精神世界）の分野に興味があると、香椎宮（かしいぐう）（福岡県）の「不老水」や九頭龍神社の「龍神水」など、必ずといっていいほど遭遇するのが「水」です。いわゆる「御神水（聖水）」ですね。

とくに日本は火山国であり、温泉大国でもあるので「水への意識」は高めです。「あの場所は自分と水が合う」といった相性の慣用句にもなっています。

温泉は「温泉法」なる法律があり、成分解析を軸とし、（湯治（とうじ）のための）薬効を調べますが、「御神水（聖水）」は様相が違っています。

「御神水（聖水）」は「水のバイブレーション（振動）」で判断するからです。この「水のバイブレーション（振動）」が厄介でして、いわゆる霊感商法のアイテムに、よく登場します。先述しました「自分と水が合う」ではないですが、霊能者の意見に左右されるのではなく「万人に効くものはない」くらいに考えておいてちょうどいいでしょう。

しかし、どうしてもご紹介したい（相性判断をしてほしい）スレスレの神域をご紹介させてください。

そこは、群馬県みなかみ町にある**「釈迦の霊泉」**といいます。フランスのピレネー山中から湧き出る「ルルドの聖水」の日本版といえるでしょう。

道中はメチャクチャ怪しく、ちょっと怖いのですが、到着すると効能が書かれた看板にさまざまな病名が書かれており「末期癌（がん）」「いろいろな癌」と、念が入ったような毛筆の書体で自信満々に書いてあります。

そして、驚くべきは施設内にある「感謝のお手紙（言葉）の多さ」でした。繰り返しますが「100％効く」わけではないようですし「偽薬効果（プラセボ効果）だ！」という方も当然いるでしょう。

ただ、実績は間違いないようです。悲壮な思い、最後の手段的に行くよりも（礼節を守ったうえでの）健康習慣のひとつとして、まずは飲んでみることをオススメ

太い巨木の多数ある神社は「当たり」が多い

します。他人の意見に左右されず、飲み続けたあとのご自身の感覚と向き合い「自分と水が合うか？」を感じ取ってみてください。

インターネットでも購入することもできるようですが、最初だけは現地に行き、場所の空気感とともに飲んで感じてみましょう。映画『インディ・ジョーンズ最後の聖戦』にも聖水は出てきますが、あれは効果があるエリアが決まっていました。「奇跡の御神水」かどうかは、あなたの体のみが知っています。

ちなみに、奇跡の効果が出た方のレポートを読んでみると「継続性」がみてとれました。体調ヤバめの方は一定期間、飲み続けてみてはいかがでしょうか。

水以外で健康と神域の関係を考えた場合、判断基準は「巨木の多さ」だと思います。一本だけ「で〜ん！」という御神木がある場所ではなく、**御神木級の「太い巨木」がたくさんある場所の神社や寺院には「当たり」は多い**と思います。なぜなら、太陽の光、水、風、空気のよさ、そして自然災害に遭わない（雷が落ちて火事になりにくい）などの条件が揃わないと、御神木級の「太い巨木」はズラリと揃わないからです。

私がいた米国セントラルフロリダ大学があるオーランドという街は自然が豊かで、珍しい鳥も多く、ワニも普通に歩いています。しかし、メインキャンパス食堂近辺の森林は、自然といえば自然なのですが落雷が多くて木々は途中で折れて細く、日本の御神木に見慣れていると、木々にまったくヤル気がなく見えます。「雷さん、もう勘弁してよ」という声が聞こえたのは私だけでしょうか（笑）。

フロリダの木々を知っている私としては、日本の御神木級の「太い巨木」がたくさんあるということだけで感謝の気持ちが出てきて、神域の奇跡を感じてしまいます。

群馬県高崎市にある**榛名神社**（はるな）は、この条件が合致するミラクルな神域のひとつです。榛名神社がミラクルなのは、右に述べた御神木級の巨木群に加え、御姿岩（みすがたいわ）という奇岩や双龍門（そうりゅうもん）の鉾岩（ほこいわ）などの岩があることでも大地のエネルギーを裏付けできるからです。

とくに奇岩は、地殻変動などにより長い月日とともに強靭性を保ちながらでき上がります。例えば、北海道のローソク岩や鍋釣岩、石川県の見附島など神社や仏閣とは関係なく、シンプルに海岸と連動していることが多いのですが、榛名神社の御姿岩は榛名湖が近くにあるとはいえ陸地にあります。これはロジカルに記述するのも申し訳なくなるくらい得体の知れない問答無用のエネルギーが感じられるのです。

さらに、586年に創建されたとされる榛名神社は戦国時代に衰退しかけていたのですが、江戸時代に入り、天海僧正によって復興されました。元々の土地のよさに加え、さらに徳川系のエネルギーが加わった重なりのパターン。

そういう場所ですので、すべての生命によい影響を及ぼすバイブレーションが流れていると考えて間違いないでしょう。休憩しながら、ゆったりと小一時間ウロウロし、御姿岩を見て「なんじゃこりゃ！　すげぇ〜！」と、散策しているだけで元気になると思います。

榛名神社に関して、私はリスペクトと「感謝」しかなく、願掛けなど恐れ多くてできません。「今日は参拝させていただき、ありがとうございます。元気が出ました。明日からまた頑張ります！」とだけ伝えます。

高崎市の榛名神社、そして、みなかみ町にある釈迦の霊泉。このふたつは狙ったわけではなく、結果的に両方とも群馬県でした。しかも、互いのアクセスも悪くありません。伊香保(いかほ)温泉の宿に泊まり、健康バッチリの旅に出てみてはいかがでしょうか。

料理運を上げる神域があった！

2015年3月、私は宮城県仙台市で開催された第3回、国連防災世界会議のレセプションパーティーの会場にいました。

世界各国の首脳や高官の方たちに「日本食」を紹介すべく、諸々のリサーチも兼ねて農林水産省のブースを担当し、緊張感が高まる安倍晋三(しんぞう)首相が通過した後は比較的、自由な業務でした。自由な時間を利用して美味しい東北の食事をいただいていると、とある国の高官の方から、

「キミは日本人か？　日本食はなぜこんなに美味しいんだ！　日本には料理の神様がいる！　どこにいるんだあ！」

と、まったく想定していなかった質問をされました。相手の方はお酒も入っていたので私は、

「日本人は皆『美味しんぼ』という漫画を読んでいるからなんですよ！　知りたいなら全巻読んでみてください！　そこに神様も描かれていますから！」

と、こちらも半ばヤケクソで日本食と同時に日本のマンガ文化も紹介するという、我ながら絶妙な切り返しをすると、

「違う！　料理の神様がいる神社を教えてくれ！」

と続けられ、美人秘書さんから連絡先まで渡されたので、「仕方ないなぁ」とバックヤードに戻ってパソコンで調べていると、あったんです。日本で唯一、料理の神様がいる神社が！　それは千葉県南房総市にありました。**高家神社**。ここが料理の神様がいる神社です。

『日本書紀』景行天皇の条には高家神社の祭神・磐鹿六雁命について以下のように書かれています。

　景行天皇が安房の浮島の宮を訪れたとき、御供の磐鹿六雁命が、弓の弦をとって海で魚を釣り、さらに砂浜ではまぐりをとった。磐鹿六雁命はこの魚とはまぐりをなますにして天皇に差し上げると、天皇はたいそう喜びその料理の技を褒め称え、磐鹿六雁命は膳大伴部を賜った。これにより若狭の国、安房の国の長と

定められ、以後代々子孫は皇室の食事を司るようになった。

醤油・味噌などの醸造の神として料理人や調味業者などから信仰を集めているそうで、料理人の方はもちろん、飲食店経営者の方はぜひ一度、お参りされてはいかがでしょうか。

そこでもう、ワンプッシュ。

「祭り」の原義は「奉る」です。そして、奉る中心的な行為となるのが食べ物やお酒を奉ることになります。

つまり、祭りの基本は「食べ物を食べ、お酒を飲む」ということ。その根幹をなすのが料理であることを考えると、高家神社は料理人だけではなく、祭りが好きなイベント関係者やパーリーピーポーも参拝すべき神社といえるでしょう。

奉ることによって、神の御霊が健やかに活躍してくださるのです。

〝全部運〟をふわっと上げる神域

結論から書きます。全体運をふわっと上げるなら「茨城県」がよいでしょう。

なぜなら日立市の**御岩神社**、すでに紹介した日本三大稲荷に数えられる笠間市の**笠間稲荷神社**、そして大洗町の**大洗磯前神社**で「ほとんどの神様」にお会いすることができるからです。

とくに、御岩神社で祀られている神様の数は「188柱」で、神様界のデパートと言っても言い過ぎではないでしょう。

この根拠は、とある本物の霊能力者との遭遇で導き出されました。

「本物のサイキック能力者」は、オウム真理教のサリン事件など、〝そっち系〟の事件が起こって以降、テレビなどのマスメディア（とくに地上波）では、あまり登場しなくなりました。

「本物の霊能力者」といわれる方は自ら登場するというよりも、テレビ番組で何かあったときのために収録を裏で見守っていたり、監修されていたりします。なぜなら除霊は、霊能者のなかでもトップクラスの人しかできないからです（神社で宮司さんが行なうパサッパサッは、除霊ではなく「祓い」です）。

ある日、私は某放送局の前を歩いていると「あれ、あの女性（芸能人じゃないけど）なんか見たことあるなあ？」と気づきました。帰宅し、グーグルで検索していると「やっぱり！」とすぐにわかりました。

その方は一時期、ビートたけしさんの番組で心霊番組に除霊ができる霊能者としてよく登場していた方でした。テレビ出演は、今は断っているそうなので名前は非公開で「Tさん」とします。

このトップクラス霊能力をもつTさんは現在、茨城県で活動されており、インターネット上でもブログや動画配信で情報を発信しておられます。

そのなかで「茨城県の秘密のパワースポットは××なのよ！」と冒頭の神社を語られていました。

地元でかつ、霊能力高めの方がおっしゃっていることなので「ほぼ当たり」だと判断してよいでしょう。

そして、このTさんとの遭遇と、ほぼ同じタイミングで私のボスでもある元JTBアジア社長で明海大学の白田眞一元教授が大洗町を盛り上げるべく「大洗大使」に任命されたという連絡が入りました。

これはまさに、茨城県の神様たちが「やあ長﨑くん、また本を書くの？　茨城県の神社は凄いから、よかったら紹介してね」と言われた気がしたので書かずにはおられないのです（笑）。

そんなわけでご紹介するのが次の3社です。

・日立市の御岩神社（188柱！）
・笠間市の笠間稲荷神社（日本三大稲荷のひとつ）
・大洗町の大洗磯前神社（最強の浄化スポット）

この「強力三神社」がある茨城県は今後、注目しておいて損はないでしょう。ガンダムに登場するドムが「黒い三連星」なら、この三神社は「白い三連神」です。ぜひ、訪れていただき「幸運と神秘のジェットストリーム・アタック」でエネルギーをチャージしてください。大洗町はアニメ『ガールズ&パンツァー』が大人気で、アニメの聖地にもなっています。

現地のモノを食す——ちょっと一服

●神域の銘菓から「気」を取り込む

日本各地の「神域」を訪れる際に、開運効果をアップする重要なテクニックのひとつに「現地のモノを食す」というのがあります。中国では古来、万物を構成する「気」を「五行」(木・火・土・金・水)でとらえてきましたが、現地のモノを食べるということは、その神域の気を体内に取り込むことを意味します。温泉に浸かるのも、基本は同じです。「神域の食」は、気学でいうところの「五気の法」に関係するので大事なエネルギー吸収法でもあるのです。

「食」とひと言で言ってもいろいろありますが、ここでは、開運招福の旅のお土産感覚でオススメしたい、和菓子を取り上げます。

和菓子の真髄は、お米や豆類というベースの素材にあると思います。化学物質が入っていないものは、少しぐらい食べ過ぎても、あまり胃にもたれません。美味しい和菓子を、玉露(お茶)でいただくのは、日本人として至福のときでもあります。

私自身の海外在住、旅行、海外のお土産（お菓子）をいただいた経験上、和菓子よりも美味しいかもしれないと感じた唯一の脅威（！）はフランスの洋菓子のみです。もちろん、味覚は主観なので普遍性を語るのは難しいのですが、それでもあえて語りたいテッパンの和菓子があります。

和菓子には歴史とストーリーがあり、何より「人の気（想念）」が入っているからです。1日に何千、何万とつくられる大量生産品とはコンセプトそのものが違うのです。

日本全国を旅するなかで私が出会った美味しい和菓子は数えることができないくらいたくさんありますが、そのなかから「これは間違いない！」と断言できる「5つの和菓子」をご紹介したいと思います。

◉川通り餅（広島県）〜勝利のお菓子

広島県は、もみじ饅頭が有名ですが、私個人としては「川通り餅」（亀屋）を推します。

毛利元春（師親）は石見の国（島根県西部）との戦いで江の川を渡ろうとしたとき、小石が突如、飛び出して鐙にひっかかりました。その小石が気になった毛利元春は、その石を保持したまま戦い、大勝利。「これは勝利を呼び込むパワーストーンじゃけん！」と言ったかどうかは不明ですが、この小石が「川通り餅」のモデルとなっています。求肥に胡桃を加え、きなこコーティング。つまようじに、ひとつひとつ丁寧に刺してあり、見た目も味もオシャレです。

日本三大弁才天のひとつ、大願寺・厳島神社への参拝後のお土産にどうぞ。

◉梅ヶ枝餅（福岡県）～シンプルこそ最強

福岡県は魚、肉、うどん、ラーメン、鍋など、美味しいものが多いのですが、和菓子のレベルもかなり高いです。私の地元なので、実はこのことは福岡県から出て生活すると、逆に客観的に理解できます。

お笑い芸人の博多華丸さんが昼食に異様なこだわりをみせることをテレビで面白おかしく演出していたことがありますが、福岡市民にとって「食へのこだわり」は特別なことではなく、日常に潜む真剣勝負のひとつといっても過言ではありません。

和菓子でいうと、明石家さんまさんも、何かの番組で「博多の和菓子はホンマに美味しいよなぁ～！」と言っていました。博多ぶらぶら（博多菓匠左衛門）、筑紫もち（如水庵）、千鳥饅頭（千鳥屋）、鶏卵素麺（松屋利右衛門）、鶴乃子（石村萬盛堂）などなど、全部書くと、それだけで本が一冊できるレベルなのです。

そんななか、菅原道真公が太宰府天満宮にいるときに出されたという伝説がある「梅ヶ枝餅」を私は推します。まず、梅が枝餅というネーミングですが「梅の味」はしません。名前の由来はいくつか説があり、太宰府天満宮の境内に咲く梅の枝を添えたことで命名されたというのが有力なようです。福岡にお越しの際はぜひ、御試食ください。

◉阿闍梨餅（京都府）～絶対王者の味

阿闍梨餅は東京の日本橋三越にも売っていますし、入手するのはそこまで難しくありません。しかし、本格派の方は京都大学から歩いて約10分の満月（本店）で「できたて」を食べていただきたいのです。

京都らしく、上品な店内なので5～6個バクバク食べることは憚られますが（本当は食べたいのですが）、1～2個をはんなりと食すのが京都スタイル。丹波大納言の粒あんは極上の逸品です。お土産用としては、風流に竹籠入り（18個）を買うのが雅です。

京都の「和菓子」は、八ツ橋をはじめ間違いなく国内トップクラス。とくに室町時代以前からある川端道喜（左京区）や「烏羽玉」で有名な亀屋良長（下京区）は全種類美味しいといっても過言ではありません。やはり、天皇や宮中に献上するべく、各々が実力を磨いた結晶なのでしょう。

◉平太郎のたい焼き（愛知県）～庶民の神様

はんなりとした京都から一気に庶民の味へ。それが平太郎のたい焼きです。

「塩気がきいた自家製あん」がクセになります。ここのを食べてしまうと、他店がいかに手を抜いているかがわかります（笑）。

ノーマルでも十分に美味しいのですが、あんことチーズ入りスペシャルたい焼きは絶品です。味つけは企業秘密だと思われますが、商品の説明に「平太郎のスペシャルたい焼き用に、チーズメーカーと共同で創り上げたオリジナルチーズを使用」と書いてあるのには、たい焼きに魅せられた男のプライドを感じます。

◉かりんとう饅頭（新潟県）～衝撃の食感

「なんだこれ！　うんまっ！」

大人になって、こんなリアクションが出るとは思ってもみませんでした。ここまでの４つは昔から知っていましたが、結城堂の「かりんとう饅頭」は２０１７年になって、はじめての衝撃でした。密かに和菓子マイスターだと自負していた私ですが「神様から、まだまだ甘いな、お主！」と完全に諭された気分になりました。

さすが、神社の多い新潟県です（新潟県の神社について130〜133ページをご覧ください）。「かりんとう饅頭」は、他にもたくさんあるのですが、結城堂の「かりんとう饅頭」の賞味期限は２日のみで鮮度が命。夕方には売り切れ必至のようですから、午前中に行くか予約して確実にゲットしてください。味は食べてからのお楽しみ。ただひとつ言えることは、やや大きいのに、どんどん食べられる美味しさなので食べ過ぎにご注意を。

オススメは本店でもいいのですが、新発田市月岡温泉にある「美人の湯」として知られる白玉の湯のホテル旅館「華鳳」や「泉慶」に宿泊していただくのも通な方法です。

以上、５つが私の独断と偏見ながらも、絶対的な自信をもってお伝えする和菓子の五大巨頭となります。

●神社で食す

2013年、和食はユネスコ無形文化遺産に登録されました。

2015年、ミラノ万博でも日本館（和食）は、一、二を争う盛況ぶりだったといいます。和食料亭「菊乃井」の3代目、村田吉弘さんは日本館を仕切っていた料理人のひとり。帰国直後、タイミングよくお話を聞くことができたのですが「人が多すぎて、とにかく疲れた」とおっしゃっていました。

このように世界から大注目されている和食ですが、観光、インバウンドビジネスという側面を考えた場合、日本人の「おもてなし」としていくつか穴場を知っておきたいところです。

私は観光経営のなかでも、とくに国際会議やイベントマネジメントなど「外需」を軸とした、MICEを専門とする研究者なので、外国人ゲストをお連れする機会が少なくないのですが、百発百中で「WOW！」と喜んでくれるのが神社エリア内での食事です。

4店ご紹介しましょう。

東京メトロ赤坂駅から歩いて約3分。千代田区永田町に江戸三大祭のひとつ、山王祭（さんのうまつり）が行なわれる日枝（ひえ）神社があります。本殿は高台に位置しますが赤坂方面から行くと、なんとエスカレーターで本殿の手前まで行けます。上がりきってすぐ左ナナメ前、つきじ植むら「山王茶寮」があります。

「山王茶寮」から本殿までは1分もかかりません。というより「お隣」です。もし、海外からのゲストを「おもてなし」する場合、ザ・キャピトルホテル東急のスイートルームに泊まっていただき、神社を参拝、「山王茶寮」を予約して食事をとってもらうと日本経済が潤います。神様が直に見ていますから「お主、日本経済のためによくやった！」となってよいことが起こるかも（笑）。

「山王茶寮」と同じ方式で、

東郷神社—東郷記念館（東京）

榛名神社—本坊（群馬）

來宮神社—茶寮「報鼓」（静岡）

この3社のお食事処もオススメです。

4

神道系スポット
この神社のご利益が凄い！

神社のご利益の真髄とは

日本の聖域といえば神社です。最近は御朱印ブームも起こっていますね。

そんな神社をベース基地とする神道は、3種類に大別できます。

①自然崇拝、八百万に神が宿るという、外来宗教（仏教）の影響を受ける以前に存在していた古神道（オリジナル神道）

②岩倉使節団が欧米諸国の留学から帰国した明治時代以降「廃仏毀釈」をベースに復活させた神道

③江戸時代後期の国学者、平田篤胤らが大成した復古神道

――以上の3種類です。現代の皇室や宮内庁での神道は、主に①②がミックスされたような形で残っています。神道は細かく分類するとまだあるのですが、私の大別ではこの3分類とします。

③の復古神道について少し解説しましょう。江戸時代に神道を学び直した国学者が「仏教と合体した神道（神仏習合）なんて間違っている！」と、文字どおり「復活！　古神道！」と、解釈をした考え方です。しかし、どんどん、その考え方はエ

スカレートし、後に新興宗教っぽい神秘的な感じになってしまいます。現代でいうところの「ちょっと怪しい系」と言えるかもしれません。なにせ、この思想が後の尊皇攘夷派のベースにつながっていくわけですから……。

この復古神道の「きっかけ人」は、解読不可能といわれた『古事記』を研究した本居宣長です。本居宣長は人生をかけ、ピュアに学術として研究をしました（実証主義！）。当時は「本居宣長さんが古事記を解読した！　凄い！」となったといわれています。しかし、ほんの数十年後、神秘的な新興宗教のように加工されてしまい、本居宣長は天国で「おいおい、なんでそうなるねん！」と、ツッコミを入れていたかもしれません。

本居宣長と平田篤胤は「46歳差」ですから、ちょうど世代交代した瞬間にガラリと変わってしまったわけです。復古神道は、後に『異境備忘録』を著した霊界マスターの宮地水位などもおり、そのマジカル＆ミステリーさで、今でも根強い人気があります。

したがって、日本古来のピュアな神道の神域パワーを考える場合、①②を重視した考え方が、正統といえるでしょう。本章では、①②を中心にご紹介していきます。

神道のストロングポイントはなんといっても神拝詞の「祓え給い清め給え」にあ

るように「祓い」と「清め」です。つまり、悶々とした気持ちをリセットする効果ですね。

ゆえに、神社は「100万円ゲットできますように！」と、**要望（オファー）する場所ではなく「これから頑張ります！」と、意志を清らかにかつ、謙虚な気持ちで宣言(ディクレア)する場所**です。根拠は「祈り」の文字に求められます。本来「祈り」の文字は「い宣り」と、宣言するの「宣」の文字があてられます。

このことは、縁結びにおいて絶大な神域パワーをもつといわれる石川県の白山比咩神社の宮司、村山和臣さんも社報358号のなかで述べられています。神社の真髄は「祓い」と「清め」であり、祈るは「い宣る」ということを神道の神域におけるメイン・キーワードとして本章の核心に入っていきましょう。

神社の種類を知る

神社には「種類」があります。「××神社」の名称のほかに、大社、神宮、天満宮などです。さらに、冠に一宮、総鎮守などもついたりします。たまにですが、日本が大好きな外国人ゲストはこのことを聞いてきますから、知らなかった方は、この機会に覚えておきましょう。

相性判断の手がかりにもなるかもしれませんよ。

【名称の末尾】

・神宮…古代から皇室と深いつながりをもつ神社、あるいは天皇が祭神の神社。「神宮」とだけ言うと、伊勢神宮のことを指す。

・大社…旧社格が官幣大社・国幣大社の神社。平安時代に制定された神社制度。国から幣が奉られる神社を官幣社、地方の国司から奉られる神社が国幣社。

・東照宮…徳川家康を祀る神社。

・天満宮（天神社）…菅原道真を祀った神社。

・神明社…伊勢神宮の神霊を祀った神社。

・水天宮…安徳天皇・建礼門院を祀った神社。

・八幡宮…応神天皇・比売神・神功皇后を祀る。

・神社…ノーマルな呼称。神仏習合。複数の祭神がいることが多い。

【冠】

・地名＋宮…定義はバラバラ。その都度判断。

・一宮…定められた地域のなかで最も社格の高いとされる神社のこと。

・総鎮守…鎮守神とは特定の建造物や一定区域の土地を守護するための神。そのキャプテン的な存在が総鎮守。氏神、産土神と同一視されることも多い。

神道の奥義はグーグル社の答えと一致していた?!

本章の冒頭で、神道の真髄は「祓い」と「清め」だと既述しました。

これをパラフレーズ(言い換え)すれば「ゼロになること」だと解釈してください。

「え、ゼロになる？　じゃあ、調子がいいときは行かない方がいいの？」は鋭い視点です。しかし大丈夫。ここでの「ゼロ」の意味はホコリを掃う（祓う）意味です。

つまり、今が90点なら、ネガティヴな思考で「次は80点に落ちるかも……」という、ビクビクした精神的に危うい90点ではなく、ピュアで、ほどよい自信に満ちた90点だということです。

日本には職人肌の人が多く、無駄に完璧を求め、今のレベルでも十分に凄いのに自信がない人って意外に多いですからね。過度なストレスは、他人への無駄な説教や卑下につながります。ビジネスにおいては、生産性を逆に下げてしまうことも多いでしょう。

このことは、検索サイトでお馴染みのグーグル社が社員の生産性を高めるために、莫大な予算をかけた研究「プロジェクト・アリストテレス」で「グーグルが突きとめた！ 社員の生産性を高める唯一の方法」という記事にも共通項が見られます。

グーグル社は、この結論を、

establishing psychological safety

という表現で報告しました。

和訳すると「心理的安全性」です。大事なことは「仕事中も、ほどよいリラックス状態で、素に近い自分でいられること」が大事な要素だと言います。

現状に過信せず、慣れ合わず、かといって、過度な緊張やネガティヴ思考でもない「スッキリしたゼロモード」というわけです。そうした精神状態を常に保っていた方が、気づいたら120点くらいになっていることがあるかもしれません。

モヤモヤ状態をきれいサッパリに洗ってくれて、過度に敏感な精神状態になりそうなときに、ほどよいバランスに戻してくれるということ。

これが、神社が発する奥義（おうぎ）のひとつであります。

大災害の災厄もゼロにする凄いパワー

「全部運をふわっと上げる神域」（95ページ）で紹介した、茨城県の大洗町にある**大洗磯前神社**（おおあらいいそさき）は、その名のとおり「きれいサッパリ洗ってくれる神域」といえるでしょう。まさに「大きく洗うぞ！」と、その効果効能が地名にモロに出現していますからね。

大洗磯前神社は戦国時代の動乱で一度、荒廃してしまいましたが「この印籠（いんろう）が目に入らぬか〜」でお馴染み、水戸藩主（みとはんしゅ）、徳川光圀（みつくに）と徳川綱條（つなえだ）の二世代にわたって再興されました。

大洗磯前神社から見える岬には「神磯（かみいそ）の鳥居」といわれる鳥居が立っており、ここに大己貴命（オオナムチノミコト）が降臨した伝説が残っています。大己貴命は別名「大国主命（オオクニヌシノミコト）」ともいいます。

大国主命は神様のなかで最も別名が多い一柱で（神様を数える単位は「人」ではなく「柱（はしら）」）、名前を変えまくって、さまざまな問題を解決したと言われています。

縁結び、家庭問題、ゴチャついた人間関係をスッキリさせたいときにぜひ、訪れてみてください。「神磯の鳥居」からみる朝日は圧巻なので、朝一番の参拝はとくにオススメです。

大洗町役場、産業創造特命官の石井孝夫さんよりご提供いただいた『大洗歴史漫歩』に凄いことが書いてありました。

元禄6年（1693年）7月7日、銚子沖に風波が起こり、756人が亡くなったことがあったそうですが、大洗町の漁師63人は全員無事だったそうです。また、同年9月7日、岩城小名四倉（現在のいわき市四倉）に暴風が起こり、3000人以上が溺死するなか、大洗町の漁師も15人いたそうですが、漂流したところを商船に救われて無事だったそうです。この要因を大洗磯前神社に一斉に祈ったからだという記述がありました。

水戸黄門でお馴染み、格さんのモデルといわれる安積覚（安積澹泊）が書いた『本緑跋』には、こういった霊験が多く記述されているそうです。

神道を日常に取り込む

神道の奥義は「祓い」と「清め」であると解説しましたが、このことを現代にアレンジさせ、活躍している女性がいます。彼女の名は2015年、米国『TIME』誌で「最も影響力のある100人（アーティスト部門）」に選ばれた、片づけコンサルタント近藤麻理恵さんです。

私は『情熱大陸』というテレビ番組で彼女を観たとき「この人は神道に通じているな」と直感しました。

なぜなら、掃除する前の数分間、目を閉じて部屋（家）に挨拶をしたり、片づける対象物の前で「パンパン！」と柏手（かしわで）を打ったり（除霊の一種）、捨てるモノに対して「ありがとう」と感謝をしているシーンは、まさに万物に神が宿る日本人が古来より大切にしてきた八百万の神の精神であり、リスペクトそのものだったからです。

番組内では、神社に参拝する場面がありました。しかも二度も！

その場所は、神田明神と品川神社（偶然にも！　両方とも東京十社）でした。

そして、決定的に「やはりな（ニヤリ）」と確信したのは、大ヒットとなった彼女の著書『人生がときめく片づけの魔法』（サンマーク出版）に「巫女（みこ）として働いていた」という記述があったことです。私は学生に対し「開運の術として巫女さんのアルバイトをしよう！」と雑談で話し、ほとんどの場合、学生から「はあ？」という冷たい目でみられますが（涙）、近藤麻理恵さんの事例は私の仮説を裏づけたひとつの事例になったといえるでしょう。

巫女のアルバイトをするなら、神域パワーが強い、**日枝神社**（千代田区）、**湯島天満宮**（文京区）などがオススメで、ホームページ上にだいたい8～10月ごろ、年末年始の巫女さんアルバイト情報がアップされます。女子学生の皆さんは、よかったらエントリーしてみてください。神様のパワーもいただけて、しかも、バイト代ももらえるなんて最高の年初めですねぇ。もし私が今、女子高校生、女子大生なら間違いなく、全力で応募します（笑）。

ちなみに、民族学者、柳田國男の分類によると、巫女さんは概ね朝廷の巫系と民間の口寄せ系に分けられるそうですが、現代では神職を補佐する役割がほとんどのようです。昔は霊能力者のような役割もやっていたとは驚きです。

巫女の歴史はわれわれが思っている以上に深く、ベールに包まれています。興味がある方は『日本巫女史』（中山太郎著／国書刊行会）あたりをご参照ください。

神域と浄化の関係を学術的に解説すると…

「祓い」と「清め」から派生した「片づけ」で運気をアップさせるテクニック。今ではそのメカニズムを学術的にアプローチできます。米国ラトガース大学の名誉教授ジョージ・ケリング先生に教えてもらいましょう。

ジョージ先生の専門は犯罪学で「割れ窓理論（Broken Windows Theory）」の提唱者です。最近は日本でも多く紹介されていますので、知っている方も多いでしょうか。

「割れ窓理論」とは、建物の割れた窓を放置すると、それが「誰も関心を払っていない」というサイン（シンボル）になり、犯罪を誘発する呼び水になるというものです。そこから「ゴミのポイ捨てなどにつながる」とも指摘しています。このメカニズムは、割れた窓の放置という視覚的な効果から起こる「小さくても長く持続するネガティヴな習慣性」が原因のコアだと解説しています。

つまり、部屋や通勤通学路に割れた窓とまではいわなくても、（粗大）ゴミが散乱＆放置しているような場所（エリア）は心理的によろしくないということです。

ちなみに、1994年、米国ニューヨーク市はこの割れ窓を一掃すべく、警察官約5000人を投入して犯罪率6割減に成功しました。「割れ窓理論」は、北海道の札幌中央署でも、すすきの環境浄化総合対策として犯罪対策を行ない、日本でも効果性が確認されています。

さらに、ビジネスの視点で見ても、米国最大の高級デパートのひとつ「ノードストローム」では、傷をみつけたら素早く修理するだけにとどまらず、エスカレーターの近くでピアノやバイオリンの生演奏（音による浄化）をすることで売上を順調に伸ばしています。

言われてみれば当たり前のことかもしれませんが「結果を数値化できている」ということが大事なポイントです。逆説的には、有名ではなく、小さく、古くても、**手入れがしっかりと行き届き、清々しさを感じる神域はエネルギーの恩恵を受ける条件が揃っている**と言えるでしょう。部屋の片づけは当然ながら、道に落ちているゴミ拾いなども定期的に行ないたいところです。

私は職業柄、訪日外国人を案内する機会が結構あるのですが「日本は美しい国」という印象をもって来日される方が多いのに驚きます。「日本は美しい国」という、期待にもぜひ、応えたいところですね。

東京大空襲で被災しなかった神社のパワーは超強烈！

東京都内を考えた場合、東京大空襲で被弾せず、災禍にも見舞われずに「そのまんま」残っている神社は、いわゆる「神ってる神社」という解釈ができる根拠のひとつとなるかもしれません。

米軍は、日本全国の詳しい地図をもっていたと言われ、皇居はターゲットから外されていたと言います。同様に、伊勢神宮も有名ですが東京ではないですし、メジャーなので敵国からも「あそこは攻撃するな」という指令が出ていた可能性があります。

しかし、周りは焼け野原なのに「あの神社は被弾せず」というのは、やはり何かの運をもっていると考えてよいでしょう。

東京都台東区にある**三島神社**はそのひとつです。雷を封じ込めたという「雷井戸の伝説」は印象的で、雷が「井戸から出してくれ」と頼み、神主は「二度とこの地に落ちないならな！」と約束させ、雷を許してあげたという伝説が残っています（雷がしゃべったんかい！　というツッコミはあえてしません）。この伝説を知ったうえで、空襲で被弾しなかったというのを聞くとゾワゾワっとします。三島神社には「落ちない」というご利益を求めて「業績が落ちない」「試験に落ちない」などの「災難除け」に参拝される方が多いと言います。調子がいいとき、その好調を持続させるために参拝されることをオススメします。

東京都中央区日本橋にある**小網神社**(こあみ)にも強烈なエピソードがあります。

東京大空襲の影響は受けなかったのは当然として、第二次世界大戦の際、戦地へ赴(おもむ)いた兵士に、小網神社の御守をもたせたところ、兵士が全員生還して帰国したそうです。これはもう「強運厄除」と言われて当然の実績といえるでしょう。

しかし、惜しいのは小網神社は関東大震災で一度、倒壊してしまったことです。倒壊こそしましたが、当時の宮司が稲荷大神や弁才天等の御神体を抱え、近くの新大橋に避難したところ、その新大橋自体も落ちずに、大勢の人が助かったと言われています。御神体パワー全開!といったところです。

運気アップにぜひ試してみたい、東京の2社とは?

こう考えていくと、東京大空襲で被弾せず、関東大震災でも平気だったところがあったとしたら、さらに信憑性(しんぴょうせい)がアップしますね。はたして、そんなところはあるのでしょうか?

あるから書いてるんですけどね(笑)。

2社、ご紹介しましょう。

ひとつめが、東京都台東区上野にある上野東照宮です。日光東照宮ほど有名ではありませんが、ここは藤堂高虎と天台宗の僧侶天海により、東叡山寛永寺境内に徳川家康公をお祀りする神社として創建された、エネルギーが高い神社です。

既述したように、藤堂高虎も天海も、私の見解では、ほぼサイキック能力の持ち主ですから、東京大空襲や関東大震災の被害をモロに食らわなかったのは当然なのかなと思います。とくに空襲時、爆弾は落ちてきたけど爆発しなかった（不発弾）という話は「神がかり」としか言いようがありません。

そしてもうひとつ。

1923年の関東大震災で、隣接の町ほとんどが焦土と化したなか、一軒の損失もなくその難を免れた場所があります。それは私が大好きな湯島天神、本殿向かって右側、男坂下にある**「復興地蔵尊」**の周辺です。

東京近郊にお住まいの皆さん、東京に観光に来られる皆さん、観光ガイドブックなどには、上野東照宮や復興地蔵尊は（地味な場所なので）ほとんど掲載されませんが、運気アップを考えた場合、この2か所への参拝はマストであると断言しておきます。ぜひ、相性判断で訪れてみてください。

ご利益は、あとから成り立つこともある！

「清めと祓い」が、神道の奥義であることを述べてきました。すると、ひとつの矛盾を想起された方がいらっしゃるかもしれません。

「清めと祓いなら、恋愛運アップの神社とか、金運アップの神社はウソなの？」

これは先天的には正解で、後天的には違うと言えます。

大昔の人たちが神社を建てるとき「ここは恋愛に効く神社にしよう！」とか「商売繁盛の神社だ！」などという意図をもって建設したかは不明ですが、もともと神聖な場所で、そこに熱心に参拝したわれわれの祖先が成就したストーリーの積み重ねが、結果として「恋愛」や「ビジネス」のエネルギーに変わったのだと思われます。

いわゆる先天的な要素にさまざまな「想念」と「無意識のエネルギー」が練り（ね）に練られて重なり合って「〜が効く！」という、メカニズムになったと思われます。

「天・地・人」のなかの「人の気」が育ち、宿ったというわけです。

ゆえに効果効能は、ご自身の実感や周囲の人（地元の人）の成功母数を積極的に集めたいところです。調査サンプル数2（N＝2）以上は欲しいですね。

エネルギーが高い神社は、地元民にも好評で「あそこは効くよ」と、ズバリ言わないまでも「まあ、近所だからね」とか「近所の人は、好きだね」のように、ウキウキ＆ワクワクした感情で教えてくれます。地元民の発言を見分けるコツは、言葉よりも「声色（こわいろ）」や「表情」といった感情面で判断するのがオススメです。

織田信長は幹部クラスの家臣よりも、しばしば地元民の声を重宝したと言います。

以上のように、清めと祓い以外のところで、神社の「具体的な効能やパワーの強度」は、先天的なストーリーで当たりをつけて、後天的な要素は地元民（2～3人くらい）に聞くというのが普遍的な効能の発見法だと思います。人見知りの方は、地元で長くやってるような飲食店に入り、飾ってある神棚のお札や御朱印などに目を向けてみましょう。それで地元民からの「愛され方」がわかります。

私の地元・博多の神社をご紹介

前項で「地元民の声」について書きました。「ならば、あなたの地元はどうなの？」という想定で、ご紹介しましょう。私の地元は福岡県で、本籍地は福岡市博多区。

つまり、お笑い芸人さん風にいえば「博多のリアルガチ出身者」です。

福岡出身の有名人で、思いっきり博多アピールする方がいますが「いやいや、キミは××（福岡県の郊外）でしょ」とツッコミたくなる方も実は結構います。

東京で例えるなら、町田市や狛江市の人が「江戸っ子アピール」しているようなもので、神奈川県でいえば、相模原市や座間市の出身なのに、ハマっ子（横浜）アピールしているようなものでしょうか（笑）。

そういうわけで「博多の情報」に関してはお任せください！

福岡県でいえば学業の神様、菅原道真公を祀る太宰府天満宮が有名で、悪くはないのですが、すでにいろんな本で紹介されているので解説はそちらに任せます。

まずは「いかにも博多！」という、博多エネルギーが満タンの神社をご紹介しましょう。

その名を博多の総鎮守**「櫛田神社」**と言います。博多祇園山笠でご存知の方も多いかもしれませんね。エネルギー溢れるピンポイントな場所は「2か所」あります。

まず本殿向かって右奥にある、**注連懸稲荷神社**です。ここは開運全般、さまざまなことを切り開いていくような鋭いパワーを感じることができます。

学生から「福岡に遊びに行くのですが、どこかオススメはないですか？」と聞かれたら、ミシュランガイドにも掲載されたラーメン屋「はなもこし」と、櫛田神社の注連懸稲荷神社のふたつは必ずオススメしています。感性鋭い学生から「注連懸稲荷神社の鳥居はヤバかったです。入った瞬間から、手のビリビリが止まりませんでした」という、興味深い報告もありました。

神域のパワー発生源をリサーチする際、厚切りジェイソンさんの「パターンね！」ではないですが、本殿よりも隣や隅っこにひっそりある神社（今回の場合は注連懸稲荷神社）、御神木、御神石の方が強烈なエネルギーを発していることが多いように思います（あえて「お宝」は隠しているのでしょうか！）。

櫛田神社は御神木、樹齢1000年といわれる「櫛田の銀杏」にも注目してください。記念石碑に囲まれ、至近距離に近づけないのが残念ですが、数メートル手前でもそのエネルギーは感じることができると思います。

ちなみに、お越しになられた際は記念石碑の内側に刻印された名前一覧にご注目ください。「長崎洋六」という名前があります。99歳まで生きた私の祖父です（笑）。実は本書執筆のため久しぶりに櫛田神社に行ったのですが、祖父の名前があることを、このとき初めて知りました。「洋二お〜い！（口癖）爺ちゃんのことも書いてもよかぜぇ（標準語：書いていいよ）」と、天国から言われた気がするので書いておきます。

櫛田神社の参拝後は南門を出てすぐ、左の「櫛田茶屋」で焼き餅を。70年続く、この店は、NHK『ブラタモリ』の博多編で登場しました。タモリさんも幼少のときによく食べていたそうです。

福岡でオススメの神社は？

博多に限っては櫛田神社で間違いないのですが、福岡県全体のことになると話は違ってきます。

「福岡と博多の違い」をざっくり解説しますと、「博多」は基本的に福岡市博多区のことで、商業（港町＆漁業）の街です。博多長浜ラーメンもこの範囲内。一方、「福岡」の中心は、福岡市中央区の天神（てんじん）と言われる場所です。ここは政務を司った城下町（武家町）だと思ってください。このふたつの合流点がオヤジはみんな大好き、夜の街「中洲（なかす）」です。

そんなこんなで福岡県全体を考えた場合、私が一番手に推せるのは福岡市東区にある**香椎宮（かしいぐう）**です。香椎宮は、天皇が自ら使者を遣（つか）わす全国に16しかない勅祭社（ちょくさいしゃ）のひとつ。

江戸時代に再建された本殿は大正14年に国の重要文化財に指定されました。「香椎造り」と呼ばれるこの本殿の建築様式は、全国でも香椎宮でしか見ることができません。適切な表現ではないかもしれませんが、香椎造りの本殿はSF映画に出てくる宇宙船のような神聖さを感じます。

香椎宮は、キャッチコピー「愛をつなぐ、香椎宮。」と表現されているように、理屈抜きに、いるだけで優しい気持ちになれます。オススメは正直言いまして「全部！」なのですが地元出身者の誇りにかけ、こちらも2か所、ピンポイントでご紹介しましょう。

それは、御神木の**「綾杉（あやすぎ）」**と**「不老水」**です。

樹齢1800年オーバーといわれる「綾杉」は本殿に入る手前なので、すぐに見つけられます。綾杉が醸（かも）し出すなんともいえない重厚さをお楽しみください。

一方、「不老水」は、事前に情報を知らないと、たどり着くことができません。本殿を一通りお参りし終わったら、本殿向かって左側の道に出てください。「不老水」の看板が出ていますから、その案内に従って前進を。起源の地である「古宮（ふるみや）」に手を合わせつつ行くのもいいでしょう。

神社の数が多い県

順位	県	神社数
1位	新潟県	4758社
2位	兵庫県	3870社
3位	福岡県	3423社
4位	愛知県	3363社
5位	岐阜県	3277社
6位	千葉県	3189社
7位	福島県	3073社
8位	広島県	2787社
9位	茨城県	2492社
10位	長野県	2465社

『文化庁宗教年鑑平成27年版』より

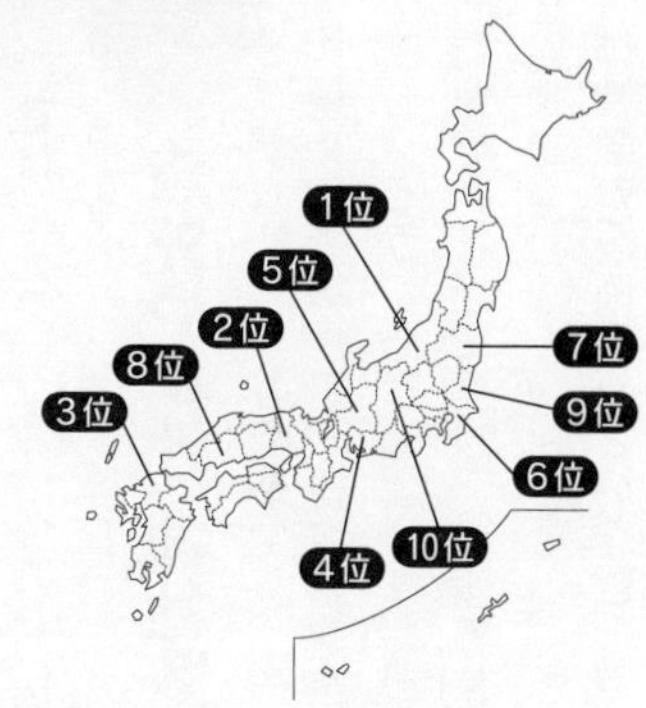

「不老水」は日本名水百選に選出された名水で、神功皇后のお供をしていた武内宿禰が、この水を飲んで300歳まで生きたといわれています。

300歳というのはさすがに伝説ならではの感がありますが、不老水自体は確かに凄いです。「まろやか」で、美味しいという次元ではなく、本当に優しいです。香椎宮そのものの「愛の味」と言ってもいいでしょう。最近は水が少なくなってきているそうで、10〜15時までいただくことができます。

私は朝一番を狙って、9時45分くらいに到着したのですが、すでに近所の方がいて地元民から愛されていると感じました。

その他、福岡県には、神社界初（！）と

いわれる、専用のスマホアプリをかざすと御朱印から神様が飛び出す**紅葉**(もみじ)**八幡宮**、日本三大八幡の**筥崎宮**(はこざきぐう)、光の道で有名になった**宮地嶽**(みやじだけ)**神社**、世界遺産候補の**宗像**(むなかた)**大社**など、キャラ強めの神社がたくさんあります。

福岡県は他のページにもいくつか登場しますが、個性豊かな神社仏閣が多いかもしれません。このへんは神様も仏様も人間様も同じなのでしょうか。

ちなみに、福岡県には3423社の神社があり、日本第3位の多さを誇ります。1位は新潟県4758社、2位は兵庫県3870社です（文化庁宗教年鑑・平成27年版）。神社は地元愛、地元ガイドの表現方法としても使えると思います。

意外や意外、神社数が日本一の県とそのご利益スポット

福岡県の神社数が3位なのは意外でしたが、もっと意外なのは新潟県の1位ではないでしょうか。しかもブッチギリの1位！

新潟県の神社庁では以下のように解説されています。

> 神社数が全国一だということで話題にのぼることがありますが、これには、明

治の頃、新潟県は全国で最も人口が多かったこと、或いは明治末期に時の政府が進めた神社合祀政策の影響を比較的受けなかったことなどが背景にあると考えられます。人口が多かったということは、かつて日本人の9割が農業によって生活を成り立たせていた時代に、広い穀倉地帯を有し、収穫高が大きかったことが関係しています。

人口の多さが自然村（農耕・漁労を通じて、自然に形成された村落共同体）の多さにつながり、必然的に神社数も多かったのだということになります。その意味では、新潟県は神社の自然な成り立ちを今に伝えていると言えるでしょう。

シンプルに人口が多かったんですね。新潟県といえば、お米であり、お酒です。協力し合う和合の精神と細やかなステップでつくりあげるお米、お酒には「スモールチーム」が常に必要で、組織で祈願することが多く、そこが神社につながっている要因なのかな、と推察されます。

また、地名研究家の楠原佑介さんいわく、「旧地名で【薬師】という地名が日本一多いのは新潟県だと断定していい」ということから、薬師信仰による神仏崇拝のきっかけ（災害や疫病）が多くあったのかもしれません。

その根拠に、新潟市中央区に「薬師神社」という「仏教＋神道」を合体させたネーミングの神社があることは非常に興味深いことです。

雪解け水で、あれだけ美味しいお米やお酒ができるわけですから、光と影の法則で、影の部分が「薬師」に集約されていると思われます。

新潟県（越後国）には、地域のなかで最も社格の高いとされる一宮が3社あり、**彌彦神社**、**居多神社**、**度津神社**がそれにあたります。日本で最も神社が多い県の一宮ですから、エネルギーが低いわけがありません。ただし、これらの一宮は、大学でいえば「名誉教授」のような存在で、やや恐れ多さを感じます。

これだけ多くの神社があるなら、もっとキャラもエネルギーも強めの神社はないのか！

そういうコンセプトでリサーチを進めました。

ありましたよ。ファンシー＆ドリームな神社が！

戦後の復興を支えた新潟県出身のスーパースター田中角栄さん、スピリチュアル大好きな本田宗一郎さんがよく参拝したといわれ、手塚治虫さんも『火の鳥』のモデルとしたといわれる神社。それが、**宝徳山稲荷大社**（新潟県長岡市）です。

11月2〜3日に行なわれる赤いローソク数千本に火を灯す「神幸祭」は、映像と画像をみる限りですが実に神秘的です。

2011年、全米・TUNESジャズチャートで1位を獲得し、不死鳥のような活躍をみせる由紀さおりさんも報酬ナシで奉唱したそうで、ますます気になります。私は、まだ行ったことがありませんので近年中に必ず参拝すると決めている神社のひとつです。

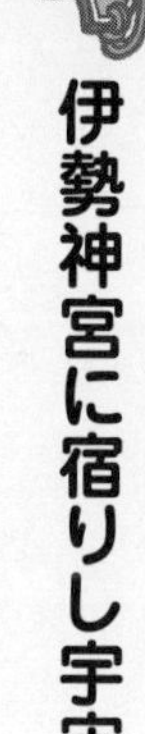

伊勢神宮に宿りし宇宙

神階（しんかい）が授与されたことのない神社。すべての神社の上に位置する神社として社格の対象外とされた神社。「神宮」単独では伊勢神宮という意味である。**伊勢神宮**は神社界のなかのキャプテンであり、ラスボスであり、絶対王者です。いや、そういう「格」さえも語ってはいけない宇宙のような存在。

伊勢神宮は、125社の集合体であり、外宮（げくう）から内宮（ないくう）の順に参拝しないとご利益が得られないという頓珍漢（とんちんかん）なことを語る方がいますが、完全に間違っています。そもそも伊勢神宮では個人的なご利益を期待してはいけません。

なぜなら、伊勢神宮は「天皇陛下が天照大神（アマテラスオオミカミ）に国民の幸せを祈る場所だから」

です。

あり方、根本の主旨が違うのです。

伊勢神宮の正しい参拝は、

「今日は参拝させていただき、ありがとうございます。いつも天皇陛下とともに、われわれ（日本人）の繁栄を願ってくださり感謝いたします」

このように全体感と感謝を祈る（い宣る）のが正解です。

北野武（ビートたけし）さんは『完全保存版！伊勢神宮のすべて』（宝島社）のなかで「科学を超えた圧倒的な力」と表現しましたが、さすがだなと思いました。

そのくらい日本人の心にくるものがあるのです。そして、筆舌に尽くしがたい宇宙が伊勢神宮にはあります。伊勢神宮は理論では語ることができません。

しかし、そんな伊勢神宮ではありますが、リサーチしていくなかで科学的に語ることができるスイート・スポットを見つけてしまいました。

伊勢の森は、あらゆる場所から人間を癒やす高周波が出ている。

アフリカの熱帯雨林地域に近い周波数をもつ。

沖縄でも、こんな周波数は計測できない。

京都大学名誉教授の田中克さん、科学者の大橋力さんが、映画『うみやまあひだ』（宮澤正明監督）のなかで語っていた言葉を統合すると右のようになります。

伊勢神宮は、天照大神と天皇陛下の関係が最も大事なことです。

他方、見方を変えて「伊勢の森」ととらえると日本国内、最高峰の癒やしの場所になります。

伊勢の森は、東京の世田谷区とほぼ同じ広さなのですが、ここには沖縄でも計測できないような高周波が出ており、計測できる音（周波数）もアフリカの熱帯雨林と似ているのだそう。

そして研究が進んだ結果、大橋力さんは、こうもおっしゃっていました。

「癒やしの高周波を感じるのは耳（鼓膜）ではなく体の表面だとわかったのです」と。

つまり、伊勢の森に行くタイミングは肌を露出できる夏場がベストだと結論づけることができるでしょう。

夏の木々は秋冬に比べて緑々と葉をつけるのはご存知だと思いますが、その国内最高峰の場所が伊勢の森（伊勢神宮）だったのです。

私は大学院生時代、伊勢神宮へは教授とゼミ生のみんなで一度だけ参拝に行ったことがあるのですが、このことを知りませんでした（赤福を食べている場合ではなかった！）。

次に行くときは必ず夏に日程をセットし、森へのアプローチも実行します。

癒やしの極致といっていい伊勢の森。あなたもぜひ行ってみてください。

5 仏教系スポット
このお寺のご利益が凄い!

仏教のご利益の真髄とは?

現在、日本人の多くに信仰されている仏教。実は日本の仏教は、釈迦が説いたオリジナル仏教ではありません。

厳密に書くと「オリジナル仏教＋中国の道教＋儒教のミックス・ヴァージョン」と言えます。根拠としてわかりやすい一例は、オリジナル仏教には「位牌（いはい）」がないことです。

そんな仏教を「開運」の視点で考えると「足し算」と言えます。例えば暦などを元にした「占い」は、考える要素を増やした典型例ですね。大安や仏滅なんて言葉もありますし。

一方、前章で示した神道は、ネガティヴな精神状態やモヤモヤ、攻撃的な感情を も、ほどよいバランスに導き、清めて祓って「ゼロ（強靭なフラット状態）にする」というものでした。

この部分を曖昧にし、ゴチャ混ぜにして順番めちゃくちゃで「開運法」と語っている人や書籍が多い気がしますので、この機会に、ガッチリと理解されることをオススメします。

したがって「神仏習合」を併せ技で使う場合、すでに述べたとおり、神道（神社）でスッキリな状態にして「神道→仏教」の順番で実行すると「効果を最大化できる（目的を達成しやすくなる）」というのが著者の持論です。

具体的な一例としては「神社に参拝→お寺で加持祈禱」でしょうか。

この順番の心願成就率は、科学的根拠や学術論文では証明されていませんが（当たり前や！）、神仏のエネルギーを吸収する場合、穢れた気持ち、モヤモヤした精神状態で行なっても効果は薄いということに近いでしょう。食事で考えても、スッキリした状態の方が消化吸収はよいですからね。これと同じ理屈です。

ここで大事な視点をひとつ。

仏教を開運の術と考えたとき、538年（日本書紀では552年）の伝来にまで遡るというよりは、平安時代初期に空海や最澄が日本に伝えた密教、そして陰陽師でお馴染みの安倍晴明の方に軸足をおいて、その叡智を求めた方がいいでしょう。

なぜなら、500年代の仏教伝来は、宗教やスピリチュアリズムというよりも「実用的な技術の輸入という要素が強かったから」です。建築土木、製鉄、絹、薬などがそれにあたります。これらの技術を元に新興豪族として勢力を伸ばしたのが蘇我氏で、対立したのが物部（もののべ）氏で……以下、日本史の教科書でお馴染み、飛鳥（あすか）時代の解説になります。

しかしながら、「蘇我氏（仏教の技術／崇仏派）VS物部氏（神道の申し子／廃仏派）」という構図ではなく、元のだし汁（スープ）は「神道ベース」ということを見逃してはいけません。なぜなら「××稲荷」や「××八幡」は、日本に仏教を伝えた渡来人の秦（はた）氏、秦氏を支持した崇仏派の蘇我氏が広めたもので、元々の神道ではないからです。

現在では、そんなことは露ほども気にせず「稲荷」も「八幡」も「神社」と呼んでいます。蘇我氏、物部氏については、どちらが善悪という視点ではなく、この歴史背景を知っておくことが大事です。

この背景知識があると「稲荷」や「八幡」は秦氏が伝えた「技術」がメインの情報ですから「オールラウンダーなところがあるのだな」と理解できます。

例えば、農業で祀られれば「五穀豊穣（ごこくほうじょう）」の農業神、海で祀られれば「豊漁」の漁業神、都会で祀られれば「商売繁盛の神様」と変身してしまうわけです。

仏教の章なのに神道（神社）が再び登場して混乱されたかもしれませんが、ざっくり書くとこういうことなのです。

というわけで、本書で使う「仏教」は、密教や陰陽師をメインの情報として展開します。

陰陽師・安倍晴明が伝えるシンプルな開運法

映画にもなりましたので「陰陽師」という名前を知っている方も多いと思います。しかし、安倍晴明ばかりに注目しすぎて、大事な箇所が、スッポリと抜けている記事が散見されます。改めまして、秘術も含めて解説しておきましょう。

陰陽師とは、陰陽寮で働いていた方々の呼称で、現在でいうところの霞が関に勤務する「官僚（役人）」の皆さんです。つまり、公務員。具体的に何の仕事をしていたかというと「時間」や「暦」を作成していました。水時計や、蚊取り線香のような香時計を用いて「日照時間」や「月の満ち欠け」を地道に計算し、地味な仕事（失敬！）で「時間を作成」していました（超リスペクト！）。

そのなかで抜群に優秀だったのが、安倍晴明というわけです。

安倍晴明の秘術は「文字だけ」では伝えにくいものが多いのですが『ホキ内伝金烏玉兎集』から、普遍性が高い「ラッキーな日」を、ご紹介します。

2022年11月～2032年1月（旧暦の年末）までの三宝吉日

	上吉日 壬午（みずのえうま）	上吉日 己酉（つちのととり）	中吉日 癸酉（みずのととり）
2022年	11月25日	12月22日	11月16日
2023年	1月24日	2月20日	1月15日
	3月25日	4月21日	3月16日
	5月24日	6月20日	5月15日
	7月23日	8月19日	7月14日
	9月21日	10月18日	9月12日
	11月20日	12月17日	11月11日
2024年	1月19日	2月15日	1月10日
	3月19日	4月15日	3月10日
	5月18日	6月14日	5月 9日
	7月17日	8月13日	7月 8日
	9月15日	10月12日	9月 6日
	11月14日	12月11日	11月 5日
2025年	1月13日	2月 9日	1月 4日
	3月14日	4月10日	3月 5日
	5月13日	6月 9日	5月 4日
	7月12日	8月 8日	7月 3日
	9月10日	10月 7日	9月 1日
	11月 9日	12月 6日	10月31日
	—	—	12月30日
2026年	1月 8日	2月 4日	2月28日
	3月 9日	4月 5日	4月29日
	5月 8日	6月 4日	6月28日
	7月 7日	8月 3日	8月27日
	9月 5日	10月 2日	10月26日
	11月 4日	12月 1日	12月25日
2027年	1月 4日	1月30日	2月23日
	3月 4日	3月31日	4月24日
	5月 3日	5月30日	6月23日

	上吉日 壬午(みずのえうま)	上吉日 己酉(つちのととり)	中吉日 癸酉(みずのととり)
2027年	7月 2日	7月29日	8月22日
	8月31日	9月27日	10月21日
	10月30日	11月26日	12月20日
	12月29日	—	—
2028年	2月27日	1月25日	2月18日
	4月27日	3月25日	4月18日
	6月26日	5月24日	6月17日
	8月25日	7月23日	8月16日
	10月24日	9月21日	10月15日
	12月23日	11月20日	12月14日
2029年	2月21日	1月19日	2月12日
	4月22日	3月20日	4月13日
	6月21日	5月19日	6月12日
	8月20日	7月18日	8月11日
	10月19日	9月16日	10月10日
	12月18日	11月15日	12月 9日
2030年	2月16日	1月14日	2月 7日
	4月17日	3月15日	4月 8日
	6月16日	5月14日	6月 7日
	8月15日	7月13日	8月 6日
	10月14日	9月11日	10月 5日
	12月13日	11月10日	12月 4日
2031年	2月11日	1月 9日	2月 2日
	4月12日	3月10日	4月 4日
	6月11日	5月 9日	6月 2日
	8月10日	7月 8日	8月 1日
	10月 9日	9月 6日	9月30日
	12月 8日	11月 5日	11月29日
2032年		翌1月 4日	翌1月28日

これを「三宝吉日（さんぽうきちにち）」といいます。

三宝とは「仏・法・僧」のことで、この3つの側面において吉日とされます。吉日にこだわる方は神域に出かける日はもちろん、何かのプロジェクトをはじめるとき、結婚式の日取り、建物を建立する日などで採用するといいでしょう。もし効果がなかったら、私ではなく安倍晴明に文句を言ってください（笑）。

東京都港区白金（しろかね）にある「八芳園（はっぽうえん）」で、社員さん向けの研修をさせていただいたときにもご紹介させていただきましたが、読者のあなたにも抜粋してご紹介しちゃいましょう。

「三宝吉日」は、ざっくりとした大安吉日みたいなことではなく、すべてにしっかりとした根拠とストーリーがあり、60パターンの干支の組み合わせで判断します。

例えば、三宝吉日の最上位「上吉日」である「壬午（みずのえうま）の日」というのがあります。この日は、釈迦が祇園精舎（ぎおんしょうじゃ）（現在のインド、ウッタル・プラデーシュ州）を造立した日です。伝統的な建物建立時には、現在でも、壬午で日取りを採用していることが多いようです。

さらに「上吉日」では「己酉（つちのととり）」があります。釈迦の内弟子のひとりで、サイキック能力ナンバーワンといわれた「目連（もくれん）（モッガラーナ）」が仏室に入り、大きな名誉を賜った日です。ゆえに、物事をスタートさせるときに向く日と言われています。

次は「中吉日」ではありますが、恋愛に効く日をご紹介しましょう。それは癸酉です。この日は、吉祥天女の誕生日です。

吉祥天は、鬼子母神を母にもち、毘沙門天の妃になったとされる福徳の女神。したがってこの日に、愛の告白や、デート日を設定すると幸運に恵まれる可能性はアップするかもしれません。

また、五穀豊穣を祈る吉祥悔過法要は、奈良平安で重宝されましたので、農業関係者にもとてもよい日です。

その他、すべての「三宝吉日」を知りたい方は『ホキ内伝金烏玉兎集』を入手するか、図書館などで閲覧してください。「60支の万年暦」を併用すれば、半永久的に使えます。

「きょうは（縁起の）日がいいですね」を能動的に活用しましょう。

日本仏教とオリジナル仏教との違いとは？

「三宝吉日」のようなことを語ると「仏教で開運という発想そのものが間違ってい

る。『大般涅槃経』には、〝如来の法のなかに吉日良辰をえらぶことなし〟とあるではないか？」という反証可能性があります。

「だって安倍晴明の『ホキ内伝金烏玉兎集』にそう書いてあるもん！」と、突っぱねてもいいのですが、ここはひとつ頑張ってみましょう。

まず、釈迦が説いた「オリジナル仏教」の世界観をざっくり解説すると、刑務所から出てきたその筋の人が使う「久々のシャバだぜ」という「娑婆」と、悟り（空）の境地を開いた者のみが行ける「涅槃」の二元論なのです。白か黒か、やるかやられるかの二者択一の世界。

「それじゃ、ちょっと厳しくないですか？」ということで新たに設けられた考え方が「極楽浄土」という概念です。グレーゾーンというより、涅槃にたどり着くまでのステップというイメージ。

つまり日本で採用されている多くの仏教は「涅槃・極楽浄土・娑婆」という「三元論」の世界観となります。

「英語の学習」を使って具体例を出しましょう。

私は大学で英語の講義もしています。そのなかで、英語の試験「TOEIC」の授業も行なっているのですが、このTOEICはまさに「極楽浄土」の世界観そのままです。

受験料が７００円くらいするのに問題用紙がもらえないという摩訶不思議で、ミステリアスなテストであるものの、マーケットという視点で見ると非常に安定しています。受験生は日本人と韓国人がほとんどで、さまざまな議論もあります。

「英語をマスターしたいなら、ＴＯＥＩＣなんか受けず、留学したり、英語を使ってバリバリ仕事したり、研究しよう！」などと言う方がいますが、これはまさに「オリジナル仏教」の二元論なわけです。

もちろん、バリバリに英語を使いこなし「涅槃」にたどり着きたいと願っている人は多いと思いますが、現実問題として、経済的な問題であったり、学生のころサボっていたりで、なかなかたどり着けない。もっと言えば文部科学省が本気で動かない限り「英語のテスト（極楽浄土）が大好きな日本のシステム」は変わらないでしょう。

一方で、極楽浄土の世界観は準備や勉強など、プロセス（修行）が好きな日本人マーケットをとらえやすく、資本主義経済にマッチしているとも言えます。ゆえに、英語を使ってビジネスをしたり論文を書いたことがなくても、ＴＯＥＩＣの先生という極楽浄土に乗っかった職業まで存在しています。これは良し悪しではなく、非常に興味深い現象だと言えます。

とはいえ、世界人口の2%程度しかいない日本人(日本語)だけの小さな領域内で、世界の英語を勉強していても、グローバル化している世界に対応できないのは明白です。

英語学習に関しては今後、「極楽浄土」から「涅槃」への高速次元上昇が求められるでしょう。

密教でぼけ封じ！

密教系のお寺をリサーチしていくと、高齢化社会の影響か「ぼけ封じ」の民間信仰が密かに人気を集めていることがわかりました。これは年配の方だけではなく、受験勉強にも使えるそうで、今後もしかしたら大ブームになるかもしれません。

「ぼけ封じ」を推奨しているのが「ぼけ封じ近畿十楽観音霊場」という10のお寺です。

第一番札所　**新那智山今熊野観音寺**（京都）
第二番札所　**端應山大報恩寺**（京都）

第三番札所　恵解山勝龍寺（京都）
第四番札所　岩間山正法寺（滋賀）
第五番札所　秋葉山玉桂寺（滋賀）
第六番札所　補陀洛山総持寺（大阪）
第七番札所　佳木山太融寺（大阪）
第八番札所　再度山大龍寺（兵庫）
第九番札所　日蔵山七寶寺（兵庫）
第十番札所　愛宕山常瀧寺（兵庫）

右記はすべて「真言宗」のお寺で、このすべてのお寺を回ると「満願」となります。第一番札所、今熊野観音寺で近畿十楽観音霊場の「専用納経帳」（スタンプラリーの台帳のようなもの）を購入し、あとは、順番どおりに訪れてください。前項で示した「三宝吉日」を併せ技とし、日取りを狙って出かけてみてはいかがでしょうか。

個人的には、忍者でもお馴染み滋賀県甲賀市にある第五番札所、秋葉山の玉桂寺が非常に気になっております。

ここには、「世界一の霊木」といわれる天然記念物の高野槙があるからです。高野槙そのものは珍しくないのですが、そのほとんどは、1本の大きな木です。しかし、玉桂寺の高野槙は狭い場所にニョキニョキと密集しており、それは独特のエネルギーがそこにあるという、確信に近い想像があります。

この「ぼけ封じ近畿十楽観音霊場」の仏様は名前にも入っているように、観音菩薩こと「観音様」です。観音様にもたくさんいらっしゃいまして、千手観音、如意輪観音、十一面観音あたりは聞いたことがあるのではないでしょうか。種類の違いはあれど、経典を解読すると観音様は現世利益というよりも、少しステージの高いところで「メンタル（頭脳）面」を応援してくれる仏様です。

本項を書いていると、私も心なしか、頭がクリアになり、シャキッとして冴えてきた気が……（いやホントに！）。

関西圏近郊の方は「ぼけ封じ近畿十楽観音霊場」を満願成就されて、スッキリ感のなかにも力強さがある、次元の高いエネルギーを吸収してみてください。

あの世でではなく、今、ご利益が欲しいなら…

●5つに分けられる仏様

仏様には「それぞれの役割」があることをご存知でしたか！

①如来（にょらい）　②菩薩（ぼさつ）　③明王（みょうおう）　④天部（てんぶ）　⑤その他

という5つに分類されます。

「なるほど。如来がナンバーワンなのか。ならば、如来信仰でいく！」というのは、お待ちください。如来は企業で例えるなら「本社の幹部（偉い方々）」です。その存在を知っておくことはとても大事ですが、あなたの日々の生活（業務）を支えてくれる実行部隊とは言えません。如来は仏様のシステムそのものと言っていいかもしれません。

例えば、ボケ封じでも紹介した観音様は菩薩の所属です。明王さんは基本、怒った顔をしてわれわれを監督してくれています（本当は優しい、あえて厳しくしてくれる鬼軍曹タイプです）。菩薩も明王も「見守ってくれる系」だと思っていいでしょう。

われわれが頼るべきは、その次「天部」の仏様です。

現実的に「現世利益」を求め、仏様にお願いするのは「天部」に所属している尊々です（神様は一柱（ひとはしら）、二柱（ふたはしら）と数え、仏様は一尊（いっそん）、二尊（にそん）と数えます）。

例えば、帝釈天（たいしゃくてん）、毘沙門天（四天王のなかの一尊）、弁才天（弁財天）などは聞いたことがあるかもしれませんね。

仏様の階層

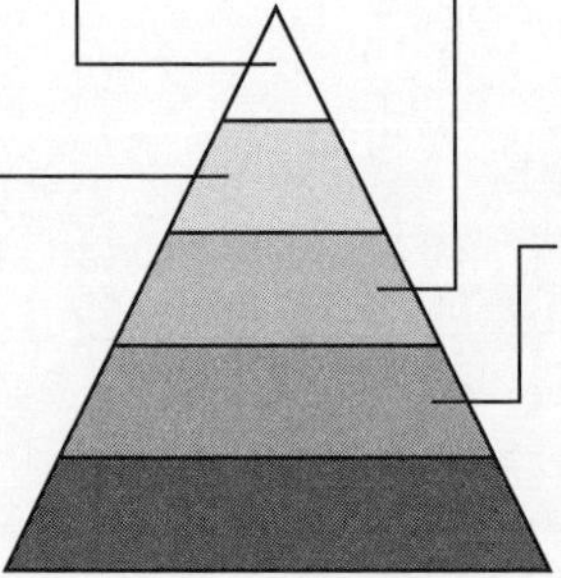

●如来

- 釈迦如来
- 阿弥陀（あみだ）如来
- 薬師（やくし）如来
- 大日（だいにち）如来

●菩薩

- 観音菩薩
- 地蔵菩薩
- 弥勒（みろく）菩薩
- 文殊（もんじゅ）菩薩
- 普賢（ふげん）菩薩
- 虚空蔵（こくうぞう）菩薩
- 勢至（せいし）菩薩

●明王

- 不動明王
- 降三世（こうざんぜ）明王
- 軍荼利（ぐんだり）明王
- 大威徳（だいいとく）明王
- 金剛夜叉（こんごうやしゃ）明王
- 烏枢沙摩（うすさま）明王
- 愛染（あいぜん）明王
- 孔雀（くじゃく）明王

●天部

- 梵天（ぼんてん）
- 帝釈天（たいしゃくてん）
- 四天王
- 吉祥天（きつしょうてん）
- 弁才天
- 伎芸天（ぎげいてん）
- 鬼子母神（きしもじん）
- 韋駄天（いだてん）
- 歓喜天（かんぎてん）
- 執金剛神（しゅこんごうじん）
- 七福神
- 閻魔（えんま）
- 八部衆（はちぶしゅう）

●パワーが強力な帝釈天

フーテンの寅さんで有名な柴又の帝釈天（題経寺）は強烈なパワーを放っています。ここに行く際はぜひ、日盤（毎日の吉方位）の暦「庚申」の日を狙って行ってみてください。

なぜなら「庚申の日」とされる日には、帝釈天板本尊が常開帳されているからです。帝釈天様の「パワー大解放デー」と言えるでしょう。どなたでも帝釈堂に入り、ご本尊の前でお参りすることができます。

先ほど、さらっと書いた「強烈なパワーを放っています」の意味もおわかりいただけるかと思います。全体運や健康運に効果テキメン。ただし、一点ご注意。柴又の帝釈天は、かなり強いエネルギーなので、体調がよいときに行った方がいい気がします。体調不良時に、エネルギーを貰いすぎると逆に体が重くなってしまうことがあるからです。体調が優れないときに豪華な食事を出されても「食欲がない」「無理やり食べるとリバースする」と考えるとわかりやすいと思います。

「庚申の日」は、２０２３年なら1月2日、3月3日、5月2日、7月1日、8月30日、10月29日、12月28日、２０２４年なら2月26日、4月26日、6月25日、8月24日、10月23日、12月22日、２０２５年なら2月20日、4月21日、6月20日、8月

19日、10月18日、12月17日です。2026年以降は、ご自身で暦（こよみ）の「60の干支」からみつけてください。

●勝負事なら毘沙門天

毘沙門天は、東西南北を守ってくれる「四天王」のリーダー（方位は北を担当）。上杉謙信が「毘」の文字を旗印としたのは有名です。四天王のときは、多聞天（たもんてん）と言いますが、ソロ活動のときに「毘沙門天」という名前になります。多聞天は、釈迦の教えを「多く聞く」という字から当てられており、組織がうまく回るような調和（ハーモニー）のエネルギーを司っている仏様と解釈していいでしょう。また、ここ一番の勝ち運にも効くようです。

毘沙門天の神域パワーに授かりたい場合、その信仰は聖徳太子まで遡る（さかのぼる）（レアパターン）ことを知っておくといいでしょう。太子が物部氏を倒したとき、毘沙門天に感謝して大阪の**四天王寺**を建立しました。ここまでは日本史の教科書や参考書に載っています。

しかし、聖徳太子は大阪の四天王寺の他に、もうひとつ毘沙門天を本尊としたお寺を建立しています。それが奈良県生駒郡にある**信貴山朝護孫子寺**（しぎさんちょうごそんしじ）です。ここは穴場中の穴場。聖徳太子が戦勝の祈願をすると、毘沙門天王が出現し「必勝の秘法」を授かったと言います。その日は寅年、寅日、寅の刻だったそうで阪神タイガースファンの方は絶対に行くべきお寺といえるでしょう（笑）。

すでにお気づきの方も多いと思いますが、1941年、太平洋戦争のはじまりで日本軍の真珠湾攻撃の開始に使われた暗号が「トラ・トラ・トラ」だったのは偶然の一致とは思えませんね。

●芸能関係なら、弁才天か伎芸天か？

最後に弁才天です。弁天様ともいわれる弁才天は、財運アップを願って弁財天と書かれることも多い仏様です。

インド名を「サラスヴァティー」といい、アーティスティック＆クリエイティヴといった芸術的な才能を支援してくれる仏様です。その才能が発揮された結果、財運も上がるという順番。したがって、エンターテインメント業界の方や芸能人の方は仲良くなった方がいい仏様といえるでしょう。

インド名のサラスヴァティー。そう、昭和の歌姫「美空ひばり」さんは、この語感を芸名に取り込んでいると思われます。

弁才天はなぜか、お寺よりも神社に祀られていることが多く、和歌山県の**丹生都比売神社**（にうつひめ）は弁才天エネルギーが高いと言われています。ここの第四殿で琵琶をもった神様は、まさしく弁才天の姿なのです。また、広島県の**厳島神社**、**亀居山放光院大願寺**（ききょざんほうこういんだいがんじ）も弁才天の霊場です。個人的には福岡県、**香椎宮**（かしいぐう）の入り口すぐのところで出迎えてくれる弁才天も、よい感じがします。

「え、芸能系の才能は、伎芸天（ぎげいてん）じゃないの？」

詳しい方はこう思ったかもしれません。それも正解です。ただ、伎芸天は、シヴァ神が天界で器楽に興じているとき、髪の生え際から誕生した天女とされる「楽器の達人」なので、クラシック音楽の演奏家や音大生の方にオススメしたい仏様です。

現存するのは奈良県の**「秋篠寺」**（あきしのでら）のみで、皇室の紀子さまに似ているということで一時ブームになりました。今は落ち着いているようですので、ぜひ、音楽関係者、演奏家の方は会いに出かけてみてはいかがでしょうか。

本項では、三尊を中心に取り上げましたが「天部信仰」は、目的が明確な「現世利益」にジワジワ効いてくる実行部隊なので安定した人気があります。

そして、これは書くべきか迷いましたが、仏様の世界を、より好きになってもらえそうな天部がいるので次項で紹介します。ジワジワでなく「ズバリで効く仏様！」「仏様界（天部）のファイナルウエポン」といえる存在です。

天部の仏様の最終兵器は歓喜天！

「何でもいいから、お願いしてみて。とりあえず叶えてやるからさ」

仏教界には、このようなノリの天才肌というか、ミラクルな天部所属の仏様がいます。その名を「歓喜天」といいます。別名「聖天様」ともいわれ、神域でいうと**待乳山聖天**（東京本龍院）、**生駒聖天**（奈良県宝山寺）、**栗生聖天**（高知県定福寺）などが有名です。

ベストセラーになった『夢をかなえるゾウ』（水野敬也著／飛鳥新社）のなかに、ガネーシャというキャラクターが登場しますが、あれこそが「歓喜天（聖天様）」のモデルです。インド料理屋では「招き猫」のような感覚で「ゾウの置物」がよく飾られています。ただ、仏教的に強力なご利益を見込めるのは、単身よりも、抱き合っている双身のほうです。この双身は秘仏であることが多く、その意味合いや俗信は実に奥深く、味わい深いものですが、本書ではご利益を優先するため、割愛させていただきます。詳しく学びたい方は『聖天信仰の手引き』（林屋友次郎著／大井

ミラクルなご利益の歓喜天

聖天堂大福生寺）をお読みください。

さまざまな願いを叶えてくれる一方で「七代分の福を一代に集中させる」「叶った後は手厚く御礼しないと、あっさり死ぬ（重い病気になる）」「願いは叶うけど一度、頼ったら最後。一生涯、信者にならないと天罰ズドン！」など、畏怖を感じさせる言い伝えもたくさん残っています。

歓喜天の祈禱法は秘法とされ、まさに奥の手であり、ファイナルウエポンと言っていいでしょう。空海が伝えたとされ、その発祥は**今熊野観音寺**（京都）といわれています。

「なるほど、よいことを聞いた。はやくその祈禱法を教えてくれ。どうせ人間は80～90年くらいで死ぬんだし、破れかぶれでお願いだ！　100億円ください！」

このような、「自分さえよければ」的な私利私欲の「欲願」はやめておいた方が無難です。なぜなら、仏教には輪廻転生の考え方があって、あなたが死んでも、魂はそのうち再起動するからです。経済力による解決は、煩悩のコントロールでしかありません。

歓喜天のご利益をどうゲットするか？

こんなことを書くと「貧乏でも幸せならいいのだ！」「いやいや、お金はないとダメでしょ！」という二元論で、開き直った考え方をされる方がいますが、それは極端というものです。潤沢（じゅんたく）な予算があれば、細かいことは気にせず、美味しい食事やお酒がいただけますし、心にゆとりもできるでしょう。

ただ、そればかりだと楽しくないことに、お金持ちの人たちはすでに気づいています。

大切な考え方は、お金は不幸の消しゴムにはなっても、幸福をつかむアイテムになるとは限らないということです。

お金がありすぎることによって、必要以上に精神的にピリピリして保守的になり、それを奪おうとする悪人が増えたり、嫉妬（しっと）されたり、無駄な見栄やプライドばかりが育ってしまうこともあるでしょう。

宝くじの高額当せん者は不幸になる人が多いそうですが「歓喜天」の研究を行な

うと、それがよく理解できます。

欲願の話はひとまずおいといて研究の視点を。

歓喜天の研究論文は国立情報学研究所のデータベースで検索すると、「キーワード：歓喜天：29件ヒット」「キーワード：聖天：97件ヒット」で、計126件がヒットします（2022年10月現在）。

知名度がある「帝釈天：29件ヒット」「大黒天：55件ヒット」と同等の論文数がヒットすることから、それだけ研究テーマとして興味深いのだと思われます。

歓喜天（ガネーシャ）の性格を表すエピソードで面白いのは、シヴァ（父親）が命じた兄弟競走です。

ある日、長男・歓喜天と、次男・韋駄天（いだてん）（スカンダ）に「お前たち、全世界を一周してきなさい」と競走を命じました。韋駄天が文字どおりの俊足を飛ばして、マジメに世界一周をしているなか、歓喜天は父シヴァと、母パールバディーの周りをぐるりと一周して「私にとっての全世界は父と母です」と、山田君が座布団3枚くらいもってきてもいい、トンチが効いた絶妙の受け答えをしました。

聖天（笑点）だけに！　って、おおっと失礼。

閑話休題（かんわきゅうだい）。

この他にもさまざまな謎や解釈がある歓喜天（聖天）信仰ですが、背景を理解し、心持ちをしっかりなさったうえで、そろそろ「ご利益」と神域にフォーカスしていきましょう。

歓喜天のご利益を授かりたい場合「浴油供（よくゆく）」という祈禱を申し込むことになります。

浴油供とは、密教の修法のなかでも最も深秘の法とされており、修法中は堂内に幕を下ろし、完全非公開にて行なわれる歓喜天（聖天様）の秘法のうちで最上の祈禱のことです。通常1～3週間連続して行なわれます。たまに「1日だけの浴油供です」というお寺もありますが、それは正式な手続（秘法）ではありませんので、効果（ご利益）という点で私はオススメできません。この「浴油供」をお願いできる場所を神域としていくつかご紹介させていただきます。

再度の念押しになりますが、私利私欲の「欲願」ではなく感謝の気持ちと、周囲にも幸福が循環するような心持ちで参拝、申し込みをされることを強くオススメします。

◆個人で浴油供を申し込めるお寺　※2022年10月現在

・本龍院・待乳山聖天（東京）　・心城院（しんじょういん）・湯島聖天（東京）

・安養寺(あんようじ)・神楽坂(かぐらざか)聖天(東京)・大福生寺(だいふくしょうじ)・大井聖天(東京)
・弘明寺(ぐみょうじ)(神奈川)※事前面接あり・宝山寺(ほうざんじ)・生駒聖天(奈良)
・雙林寺(そうりんじ)(京都)・弘聖寺・長田(ながた)聖天(兵庫)
・定福寺・栗生聖天(高知)
『聖天信仰の手引き』(大井聖天堂大福生寺)より(抜粋)
◉申し込みNG期間……肉親が亡くなって四十九日以内/生理期間中(女性のみ)
◉歓喜天のご利益……すべて
◉事前学習の推薦書……『聖天信仰の手引き』(林屋友次郎著/大井聖天堂大福生寺)/『歓喜天(聖天)信仰と俗信』(笹間良彦著/雄山閣出版)/『歓喜天とガネーシャ神』(長谷川明著/青弓社)
◉独自リサーチのコツ

『聖天信仰の手引き』を入手し、最終章の付録「全国歓喜天尊奉安寺院一覧」を確認。その場からインターネットや電話などで確認、問い合わせをする。この一覧に載っていない寺院で浴油供を受付している場所は、誰から秘法を授かったかをリサーチして『聖天信仰の手引き』に戻って確認しましょう。ただ、それは面倒な作業だと思うので「全国歓喜天尊奉安寺院一覧」から選んだ方がよいでしょう。心願成就のカギは『聖天信仰の手引き』の熟読です。

「足る」を知る「カレイドスコープ思考」

強烈すぎる歓喜天について書いてしまいましたので、ここでカバーリングを。神域からはやや脱線しますが、開運に関しては肝要な部分だと思われますのでご紹介します。

そもそも、心から満たされる成功とはどのようなものでしょうか。

開運がうまくいき、地位も名誉もお金も手にした場合、その後はどうするのでしょうか。

行けるところまで無限に求め続けますか？

昨今では「マインドフルネス」という言葉が日本にも登場し、仕事一辺倒ではない「心が満たされる何か」を探している気がします。

アメリカでは、2001年の9・11同時多発テロ以降、成功している経営者、多くの分野の学術研究者が「自分にとっての色褪(あ)せない成功とは何か？」を見つめ直す人が増えたと言います。連動して多くのアカデミックな記事も発表されました。学術的に言語化（形式知に）して、自分を問い直す能力に関しては、アメリカ人は世界のなかでズバ抜けています（キリスト教の懺悔の習慣）。

一方、日本人は言語化せず、良識の範囲と個人のセンスに託されています（自然主義）。もっと言えば、難しいことは政治家などに任せっきりで、市民レベルでは「絆」や「勇気」のような、ふわっとした抽象概念にして「ぼんやり」させ、苦しいときが過ぎるのを待ってしまう傾向にあります。

ハーバード大学のローラ・ナッシュとハワード・スティーブンソンの両氏は２００４年、色褪せない成功（心満たされる成功）を万華鏡に例えて「カレイドスコープ思考」として学術記事を発表しました。

カレイドスコープ思考の構成要素は次の４要素になります。

・幸福感（ハピネス）
・達成感（アチーブメント）
・存在意義（シグニフィケント）
・育成（レガシー）

「幸福感」とは、シンプルに楽しいかどうか。「達成感」は、仏教用語で言うなら煩悩の達成。会社で好成績を収め、十分なお金を得たり、いい恋人や伴侶を得られたかなど。「存在意義」は、とくに身近な人にとって意味のある存在であるかどうか。主に家族や親しい仲間。「育成」は、自分の価値観などによって、誰かの未来の成功を助けること。

この4要素を「蜘蛛の巣グラフ」にして、すべての要素が欠けることなくバランスよく伸ばしていくことが色褪せない成功である、と定義したのが「カレイドスコープ思考」の骨組みです。どれかが突出しすぎてもよくありません。とくに「達成感」は、資本主義の世では、まずクリアすべき項目かと思いますが、達成後もここばかり求めすぎて、ギラギラしてしまうと自分自身が苦しいだけになります。「足るを知る」ということ。4要素のバランスを大切に。

さらに、この4要素は自分自身のためだけに考えるのではなく、「自分自身」「家族」「仕事」「地域社会」

このように発信元を4つに設定し、4×4の合計16のパラメーターで、それぞれ考えるとよいと解説されています。うまく設定するコツは、「もうこれで十分」という達成点をなるべく具体的に設定し、「もっと」という無限の欲を増幅させないことだと言います。

カレイドスコープ思考は2004年2月、ハーバード・ビジネスレビューに

『Success That Lasts（色褪せない成功を求めて）』というタイトルで掲載されたのですが、読んだ当時は「これは経営学的な学術記事かもしれないが、運の増幅&育成ノウハウでもある！」と思った次第です。

同時に、死ぬときに「ああ、充実した楽しい人生だった！」と言える技術としても使えそうな気がしています。

6

自然系スポットで運気をメンテナンスする！

自然のなかのエネルギーとは？

四つ葉のクローバーを幸運のアイテムと言い、流れ星に願いを託す――。茶柱が立ったり、虹を見ると「よいことがある！」と、ちょっと嬉しくなる――。自然と幸運の関係は、大昔からさまざまな形で伝承されてきました。日本だけでなく、それは世界のいたるところで見受けられます。

本章では「自然と神域」の関係を見ていきましょう。

運がいいときというのは基本「タイミングがいいとき」です。私は、そのタイミングをサポートするものが自然のなかにあると考えています。

パソコンに例えてみましょう。神道や仏教が動作を司るＣＰＵなら、自然は周辺機器。メンテナンスや幸運を持続させるための計測器として使えます。

精神的に豊かで落ち着いているときほど幸運は訪れやすい。このことは経験則ベースで、人々のなかに蓄積されていると思います。そのシグナルは自然現象のなかに多く隠れています。例えば、満たされた豊かな気分でいると、鳥に近寄っても逃げなかったり、犬猫がなついてきます。池や川で魚が勢いよく飛び跳ねる場面に遭遇することも……。人間関係では「上下関係なく、年齢差がある人」からも話しかけられることがあります。

これが「自然との呼応」です。

ツバメやコウモリが巣をつくる家に悪い気ナシ、という言い伝えも昔からあります。私はこれを自然と同調する意味で「プチ・ターザン現象」と命名しています。

「ア〜アア〜！」

自然との同調は「幸運のシグナルかもしれない！」と思っておくと、日々のワクワク感、もアップしますよ。

御神木や巨木は、なぜ高エネルギーなのか？

鹿児島県の屋久島にある**縄文杉**――。

世界遺産でもある縄文杉を実際に見たことがなくとも、写真だけで底知れぬエネルギーを感じる方も多いと思います。樹齢は2500年説や3000年以上説などがありますが、どちらにせよ、樹齢国内ナンバーワンの巨木であることは間違いありません。長く生き、太く育つことで、その木そのものを神と崇める御神木は非常に実践的な信仰だと思います。なぜなら、御神木、巨木の前でゆっくりくつろいでいると、ほとんどの場合、メンタル面がスッキリしてくるからです。

中国の気功（治療）では、重病患者を巨木の前に連れていき、複数人で気功の放射（外功）を行ないます。生きている木のエネルギーを体内にめぐらすことで治りもよくなるというロジックです。

三浦友和さんが主演された映画『超能力者 未知への旅人』では、冒頭に中国人民解放軍、北京軍区気功研治所の実際の治療の様子が収録されていますが、引きの画になったとき、すぐ隣に巨木の存在を確認できます。

「よし、なるほど。じゃあ母ちゃん、オラ、屋久島の縄文杉のパワーをもらってくるぞ！」は、ちょっとお待ちください。生・縄文杉に会いに行く場合、トレッキングシューズをはいて、諸々の装備をして往復約10時間かかるからです。

また「月に35日間雨が降る」といわれる屋久島の登山は地面が滑りやすく、危険度が高いと言えます。つまり、エネルギーをもらいにたどり着くまでに、ご自分のエネルギーがなくなってしまうかもしれません。体力に自信のない方は、ドラえもんの「どこでもドア」が開発されるまでお待ちください。

では、縄文杉とは言わなくても、樹齢１０００年くらいの御神木、巨木は他にないのでしょうか。おまかせください。あります！

私がオススメする、エネルギー溢れるパワーツリーを3か所ご紹介しましょう。

まずは縄文杉から一気に北上しまして、青森県の西津軽郡にある**「北金ケ沢のイチョウ」**（樹齢約1000年）をオススメします。

JR五能線北金ケ沢駅から徒歩約10分。その帰りに「黄金崎不老ふ死温泉」でしめれば生命エネルギー、はい満タン♪

次に、日本一の杉こと、高知県大豊町の**「杉の大スギ」**（樹齢約3000年）です。縄文杉が「杉の神」なら、ここは「杉のキング」といえます。JR土讃線の大杉駅から徒歩20分。車でも道の駅、大杉から歩いて約10分です。ここには、歌手の美空ひばりさんが有名になる前に訪れたという、八坂神社もすぐ近くにあります。

「杉の大スギ」の周囲はぐるりと一周できるように整備されていますので「なるべく時計回りで」「ときには止まって深呼吸しながら」、気が澄むまでお回りください。「時計回り」というのは、日本は北半球で、地球は自転していることが関係していますが、ここでの詳細は割愛します。

3つめは、島根県出雲市にある**「命主社のムクノキ」**（樹齢約1000年）です。出雲大社から徒歩約5分。なんてたって名前が「命主社」ですからね。実際に見ていただけたらわかるのですが、その木の生命力たるや、もの凄いことになっています。命主社の祭神は神皇産霊神(カミムスビノカミ)で、出雲神話では大国主命が死んだとき、大国主命を蘇らせた神様です。お正月は出雲大社の神職全員がこの神社で祭典を行なうほどの隠れたエネルギー集中地点です。出雲大社とあわせて、ぜひ訪れてみてください。

「ちょっとアンタ! ウチの近所のパワーツリーはないの?」という方、ご安心ください。インターネットで「新日本の名木100選」と打ち込み、検索してみてください。または都道府県別でも発表されています。例えば「かながわ名木100選」などです。

オススメポイントは「樹齢500年以上」「人が少なく、おさわりし放題(笑)」です。

気功師のように、パワーツリーの近くで深呼吸(酸素交換)するだけでも効果はありますが、実際にさわれるところは結構あります。マナーを十分に守ったうえで、おさわりください。

私からは、3つご紹介しましたが「新日本の名木100選」で自力発見し、「なんか、この木の雰囲気は好きだわ〜」と、ご自身で思ったところが相性のよいパワーツリーです。木は生き物ですから、そういう感覚が芽生えるのは必然と言えるでしょう。

お気に入りの「マイ・パワーツリー」を探し当ててみてくださいね。

世界初公開！　パワーツリーと友達になる方法

ここでパワーツリーと友達になる方法をご紹介します。

ほんの少しだけＩＴ知識を要しますが、難しくないのでご安心を。

私のボスのひとり、セントラルフロリダ大学ローゼンカレッジのデボラ・ブライター教授は、日本でいうと御年、赤いちゃんちゃんこの年齢なのですが、ＩＴデバイスをサクサクと使いこなします。

「ちょっと、ヨージ、これ見て！　この前、アフリカに行ってきて、生でシマウマの親子に出会ったのよ！」と、写真をｉＰａｄでどんどんめくりながら、楽しそうに語ってくれたことがありました。デボラ先生を見ていると「目的が先」であれば、ＩＴは、その手段にしか過ぎないということを再確認できました。

ではいきましょう。

パワーツリーと友達になる方法とは「サーモグラフィカメラを使う！」です。

「え！　サーモグラフィ？　あの熱に反応して赤青に映るやつ？」

はい、そうです！

「お高いんでしょう？」

大丈夫です。頑張れば買える金額です！

サーモグラフィカメラは単独だと、10万円以上するものが多いのですが、今はスマホに取りつけて2万〜3万円台で入手できるようになりました。

2016年のはじめ、日本にも上陸した「FLIR ONE」がそのアイテムです。iOS用とAndroid用の2モデルがあり、micro USB接続のモバイル機器に装着することで、肉眼では見えない「熱の視点」から世界を見ることができます。もちろん、デバイス側にも専用のアプリをインストールしておきましょう。

その「熱視線」でパワーツリーを映し出し、温度差を見つけてください。相対的に温かい場所がエネルギー噴出点です。これは気功師の手が温かいのと同じ理屈だと言えるでしょう。

その**相対的に温かいエネルギー噴出点の前にしばらく立ち、深呼吸したり、お水やお茶を飲む**のはうまい作戦です。なぜなら、スムースにエネルギーを取り込めるからです。

そして、帰り際に「いただきました。ありがとう!」と感謝を伝え、手をかざして握手で別れます。

私の観測では「木の節」がエネルギー噴出点で、温かい場所は相対的に「3〜5℃違うこと」が多いようです。気功師の方や本物のヒーラー、霊能者の方は、この熱視線をサーモグラフィカメラなしに感知できるのではないかと私は考えています。

気分が落ち込んだとき、モヤモヤしたとき、何か閃きたいときに使える、再現性があるエネルギー吸収法をご紹介しました。有名どころの御神木（パワーツリー）は「おさわり禁止」なところも多いですが、自分で発見した「マイ・パワーツリー」でぜひ、おさわりして、コミュニケーションをとって仲良くなってみてください。

第三者から見ると「あの人は、ついにおかしくなってしまった……」と言われる世界初公開のテクニックなので、人目につかないように実行してください（笑）。

補足情報。あるとき、アウトドアが好きな学生から「先生、パワーツリーの前にテントを張って泊まってもいいんでしょうか？」という質問がきました。

これはやめてください。夜は二酸化炭素を出していますし、いくら仲がよい友達でも長居されると嫌でしょう。午前中、15分〜1時間以内の滞在で、サッパリとした関係性がパワーツリーとの絆を深めます。

ハウツーだけで満足しない！

自然という、アナログ要素が満載の章でありながら「パワーツリー」だの「サーモグラフィカメラ」だの、突如として、ＩＴ機器まで飛び出しました（笑）。この思考回路はおそらく、米国の研究員生活で培われたものです。原忠之博士（米国セントラルフロリダ大学の准教授・テニュアトラック研究者）は次のように述べられています。

米国の発想は「最新システムに合わせて各自の業務や発想を徹底的に見直し、取捨選択の強制」です。江戸幕府は、その体制を温存して（変えずに）英仏から武器や軍艦を買ってもあまり役立たなかったが、むしろ自分のシステムを変えたら、凄い生産性改善につながったという明治維新の事例は１５０年前です……。

明治時代の近代化を、全面的に鵜呑みにしてはいけませんが、この提言は示唆に富むものではないでしょうか。つまり、本書でどれだけ「運気上昇のテクニック」

を使っても、自分自身のシステム（生き方／心構え）が変わらなければ元の木阿弥、意味がないということです。

また、江戸時代は260年続いたから凄いという論点は当然あり、私も江戸時代は大好きなのですが、一方で江戸の末期は、長州と薩摩に負けたという厳然たる事実もあるわけです。ここは原先生がおっしゃっている「江戸幕府が英仏から武器や軍艦を買ってもあまり役立たなかった」という指摘を真摯に受け止め、改善策を考えたいところです。

手法だけを手に入れて満足してはいけません。

受験生時代、よいとされた参考書、問題集を手に入れただけで満足していた私には、実感として非常によく理解できます。

手法（how to do）を手に入れただけではまだ、お宝までの地図を入れただけにすぎません。大事なのは、そのあり方（how to be）です。お宝までの地図を入れたら、そこからが本番です。独り占めせず、停滞せずに、ヒト・モノ・カネを有機的に結びつけ、連続させて天海や藤堂高虎が江戸時代初期のまちづくりで行なったような螺旋状のエネルギーを意識したいところです。

庭園で運気のメンテナンスをする

前項では江戸末期、徳川幕府のあり方を指摘しましたが、こと庭園を考えた場合、今度は逆に徳川家一族の庭園を頼った方がいいでしょう。なぜなら、いわゆる「ミニ風水」が仕掛けられて実に気持ちのよい場所が多いからです。神社ほどのエネルギーはさすがに期待してはいけませんが、散歩する場所や食事する場所、日常のワンランク上のメンテナンスとしてオススメできます。

その筆頭に挙げられるのが、愛知県名古屋市の**徳川園**です。回遊式庭園は大名庭園の代表的なデザインのひとつで、現代では実際にそこで「お食事できる」というのも大きいと思います。徳川園内にある**蘇山荘**（そざんそう）は、名古屋汎太平洋平和博覧会（昭和12年）の迎賓館（げいひんかん）を移築した歴史的建造物で、優雅な気持ちになれます。ディナーよりも緑々（あおあお）とした景色が見えるランチが断然オススメです。

本書の冒頭でも紹介した、東京都港区白金の**自然教育園**もよいです。ここは神社ではないので決まった御神木こそないものの「教育園にしてはエネルギーありすぎる！」と、行くたびにニヤニヤしてしまいます。東京で言えば、**浜離宮恩賜庭園**（はまりきゅうおんしていえん）

も外せないでしょう。将軍家の別邸浜御殿で「旧宮内省管理の離宮だった」ということで属性の重なりが入っています。実は、この浜離宮恩賜庭園のすぐ近く（徒歩5分）に、2016年の11月、高級マンションが完成し、サイキックな能力者たちをざわつかせました。なぜなら神域の視点から見ると、最高の立地条件だからです。売れ残っている間に宝くじが当たれば私も購入を検討します（笑）。

徳川家一族の上をいく庭園となれば皇室の所有となり、ほとんどの場所、一般人は立ち入ることができません。

しかし、方法はいくつかあります。ふたつご紹介しましょう。

ひとつは、宮内庁庭園課に就職することです。

宮内庁庭園課は皇居や赤坂御用地（ごようち）、葉山（はやま）などの皇室の所有地にある庭、田畑、果樹園なども管理の対象になっています。天皇陛下をはじめ、皇室の方々の質問に受け答えする機会もあるようなので、植物やそれに関わる昆虫や鳥などに関する深い知識と、緑を適切に管理できる高度な技術が必要だとされています。働いているだけで運気がよくなりそうです（笑）。

「もう、そんな年じゃないんだけど……」という方も安心してください。そういう方には、既述しました東京都公園協会が管理している「庭園ガイドボランティア」

に応募することができます。インターネットで検索してみてください。

ふたつめは、天皇・皇后、宮内庁が主催する園遊会に招待を受けるほど日々の業務で活躍することです。オリンピックで金メダルを獲得するか、もしくは行政でトップになってください。場所は赤坂御用地です。

「えぇ〜、ちょっとそれは……。もっと他に方法ないの？」

こういう声が聞こえてきそうですね。お任せください。入る方法があります！

内閣府のホームページから「迎賓館赤坂離宮の一般公開」を検索して予約してください。一般見学は限られており、約2か月前からの申し込みなので競争率は低くはないですが、招待を受けるよりは確率は高いでしょう。主庭では深呼吸、植えられている花、植物も要チェックです。

庭園の場合は、どうしても徳川や皇室系が中心となってしまいますが、それだけレアな場所だということも言えるのです。

花で運を上げる

ここでは、神域を別角度のアプローチで試みてみましょう。

「フラワーレメディ」という言葉をご存知でしょうか。花のエキスで癒やし効果を得られるというもの。イギリス由来ですが、中国でも高級な中華料理屋に行けばお茶のなかでブワッと花が開く花茶や八宝茶(はっぽうちゃ)があります。

「フラワーレメディ」は、第一人者のエドワード・バッチ『エドワード・バッチ著作集』(BABジャパン)に明るいのですが、ここでの大事な考え方は「アロマの精油のブレンド(混ぜる)は専門家の指導が必要だが、フラワーレメディは(手軽に)混ぜられる」ということです。つまり、運気やメンタル面を下げるネガティヴ要素が複数あったとしても、フラワーレメディなら、いろいろと混ぜて「一発で解消できる可能性アリ」という代替療法とも言えます。

アロマとフラワーレメディとの決定的な違いは、フラワーレメディは「飲用」だということです。アロマオイルは、植物がもつ有効成分を抽出し、その薬効が、嗅覚→脳、または、皮膚から吸収されて体に働きかけます。一方、フラワーレメディは「ほぼ無臭」で、飲用して使うのが一般的です。花を飲むことで、エネルギーが直接感情に働きかけ、浄化してくれるというメカニズム。

フラワーレメディは、いわば「飲む神社」です(笑)。

ただし、上手に使いこなすことができたのなら……と、限定的に伝えておきます。

ここからが大事なのですが、フラワーレメディの翻訳本では「12ヒーラーズ（12の癒やし手）」として分類しています。私は最初、これは代替療法にありがちな「眉唾もの」だと思いました。なぜなら大枠では同じようなことが記述されているからです。考え方の抽象度を上げて構造でとらえると、ほとんどが「不安や恐れがある心理状態に効く」と記述されています。違うのは、その「その程度」だと言えるでしょう。

ただ、「これは本物の可能性が高い！」と思ったのは、ヨーロッパ諸国には「魔女の文化（歴史）」があったという事実があるからです。魔女が最も得意としたテクニックに「薬草（植物）」があり、魔女の時代にメンタル面における術式も完成していたとしても不思議ではありません（少なくともたくさんのヒントは残されたと思われます）。

よって、エドワード・バッチの翻訳本の『エドワード・バッチ著作集』だけではなく「フラワーレメディ、なんだかよさそうだな！」と直感的に思った方は、原書『Collected Writings of Edward Bach on Flower Essences』にトライすることもオススメします。この原書には翻訳本にはない「花の写真」も彩り鮮やかなカラーで掲載されています。

さらに「フラワーレメディを本格的に学びたい！」という方は、英国オックスフォード大学近く、ウォーリングフォード（Wallingford）という街にある「The Bach Centre」に突撃するのも手です。

The Bach Centreのフェイスブックをみると、1万人以上から「いいね！」がついていますし、更新頻度も多く、セミナーなども活発に行なわれている模様です。最近は、日本でもバッチのフラワーレメディを用いたセラピーが行なわれているようです。興味のある方は試してみてはいかがでしょうか。

お花畑でフラワーレメディの効果を体感する！

さて、ややミステリアスなフラワーレメディですが、確かに私の周囲を思い出すと「強運な人は花好き」「庭いじりが好き」という側面があるようなないような……。

また、「冠婚葬祭、とくに葬儀の際には、お花が祭壇に飾られているのは世界共通のような気がします。あれは浄化（除霊）の意味合いもあるような気がしています。

また、漫画で描かれる天国は99％、色鮮やかに花が咲いていますし、逆に地獄では花どころか植物そのものに元気がありません。

そういった意味でも花（植物）と神域の関係は何かあるはずと考えたわけです。
バッチのフラワーレメディには、12ヒーラーズといって「12の花」をコアの情報としています。この花がおいてある公園（植物園）は、自然の神域と考えてよいかもしれません。まずは、12ヒーラーズを見てみましょう。

◉フラワーレメディ／12ヒーラーズ（簡易版）

フラワーをゲットして、ファイヤーボールを投げるのはマリオとルイージだけですが、自分と相性がいい花を見つけておくのは「癒やしの開運術」と言えるかもしれません。まずは、その12種類を確認します。

①ロックローズ
②ミムラス（セイタカミゾホオズキ）
③アグリモニー（セイヨウキンミズヒキ）
④スクレランサス（シバツメクサ）
⑤クレマチス
⑥ゲンチアナ（アマレラ）
⑦チコリー（キクニガナ）

⑧セントーリー（ベニバナセンブリ）
⑨セラトー（ケラトスティグマ・ルリマツリモドキ）
⑩ヴァーベイン（クマツヅラ）
⑪インパチェンス（オニツリフネソウ）
⑫ウォーターバイオレット

これらが、12ヒーラーズです。

とはいえ外来種であり、英国由来なので気候が違う日本の公園にあるのでしょうか？

まあ、あるから書いてるんですけどね（2回目・笑）！

比較的、見つけやすいと思われる、12ヒーラーズのなかから「7種」ご紹介します。

ぜひ、足を運んでみてください。

①ロックローズ（**しながわ中央公園**／東京）
②アグリモニー（**石神井公園**／東京）
③スクレランサス（**木場公園**／東京）
④チコリー（**三田市中央公園**／兵庫）

⑤セントーリー（**木場公園**／東京）
⑥セラトー（**フラワーセンター大船**[おおふな]**植物園**／神奈川）
⑦インパチェンス（**ふなばしアンデルセン公園**／千葉）

約40万種類あるといわれる植物は、ライフサイクルのほとんどすべてを「その場所だけ」で過ごし、外部環境にさらされ、受け身の状態で育っていきます。植物はいわば、ディフェンスのスペシャリストです。そんな花がわれわれ人類に与えてくれるのは、やはり癒やしという結論は間違っていないでしょう。

沖縄には願いを叶える妖精がいる?!

沖縄県は、日本古来の神社やお寺とはまた一味違うスピリチュアル・ワールドが全開の場所です。青森県がイタコなら、沖縄県にはユタと呼ばれる民間霊媒師がおり、専門家のなかにはムー大陸とも関係していると断言される方も多くいらっしゃいます。

そんな沖縄が最も強みをもつのは、やはり自然の神域でしょう。

沖縄本島北部に、**大石林山**[だいせきりんざん]といわれる奇岩や巨石、亜熱帯の森など、海以外の表情を見せてくれる場所があります。

キジムナー（沖縄の妖精）が棲むともいわれる**「御願ガジュマル」**は、願い事を叶えてくれることで有名でして、感性強めの同級生（メイキャップ・アーティスト）が「虹が見えますように」という願いを行なったところ（その願い自体もカワイイな！　笑）、帰り道で虹がかかって「うおー！」となったエピソードを教えてくれました。

もし本当に妖精がいたとして、自然の妖精に自然の願いをオファーするのは合理的な願いの仕方だという気もします。

この話で思い出したのは、とある能力者の先生の話で、上野恩賜公園には妖精がたくさんいて「何の願い、叶える〜？」と、そこらじゅうに飛び跳ねているそうです。妖精が「いる・いない論」はいったん横においておき、もし見た場合を考えておくと、そういった自然系のお願いは悪くない筋だと言えます。ティンカー・ベルも自然のなかにいますからね。

妖精と言えば、東京都杉並区にある大宮八幡宮での「小さなおじさん（妖精）」の発見エピソードが一時、話題になりました。見た人は次々に事業を成功させたり、良縁に恵まれるなど、さまざまなハッピーが眉唾的に語られました。

ここで大事なのは「怪しい」と断固として思うよりも、「(ダメ元でも)面白そう!」と、あえて、ファンシーな気持ちにチャンネルを切り替えられるかが妖精と出会えるキモかと思われます。普段の生活のなかでは、99・9%疑い、現実的な生活をしていて問題ないと思います。

しかし「そのとき」が来たら、残りの0・1%の「もしかしたら……」と、信じる気持ちを全力で開いてワクワクし、スピリチュアル&ファンシーワールドに飛び込んでみてください。

「お~う、元気? で、何を叶えるの?」

突然、見えてくるかもしれません。

なぜ上野恩賜公園の木は切ったらダメなのか?

近代化と自然との共生は常にバランスを考えたいところです。人口減少中の日本において、これ以上、人工的にする必要はあるのでしょうか! とくに、エネルギー高めの神域が揃う上野恩賜公園周辺の木々は伐採しすぎでは……。

藤棚や緋寒桜(ヒカンザクラ)が切られ、その場所にカフェができたのには驚きました。

キミたち！　ちょっとわかってないですねぇ。

強力な神域のエネルギーは、何百年、長い場所では千年以上、ほぼ崩れることはないのですが、唯一人間の手(開発)が入ると、そのエネルギーは枯渇してしまうと、何人かのサイキックな能力をおもちの方が指摘されていたのを思い出します。サイキック能力のない、ごく一般的な感覚の人でも、今まであった木々の緑がなくなると、爽やかで健やかな空気感がなくなるのは理解できます。

なぜ、ここまで指摘するかというと、上野恩賜公園はさまざまなエネルギーの集合体だからです。

なにせ、天海が開いた寛永寺の跡地なのですから！

江戸城の鬼門を封じるために建立された寛永寺は、京都の鬼門封じの代表格、比叡山延暦寺を完全に模しています。江戸時代の町づくりにこだわった徳川家康のブレーン、天海さんのこだわりに妥協はありません。

上野恩賜公園さくら通り沿いにある**「穴稲荷（忍岡稲荷）」**は、その象徴的な神域と言えるでしょう。鉄の格子で囲まれたその姿は「お化け屋敷！」のようなヴィジュアルなのですが、ここのエネルギーは高く、心願成就の報告も多いようです。

この「穴」系の神社は強烈な場所が多いらしく、上野ではないですが東京都世田谷区にある**「喜多見不動尊」**も穴の奥に神様がいます。鉄の格子はなく、近くまで行けて、エネルギー頂き放題。ここは、あまり知られていない穴場です。ひとりで行くと異様な雰囲気で、やや怖いかもしれませんが……。

上野恩賜公園に話を戻しましょう。

「上野恩賜公園のあたりは、戊辰戦争の舞台でもありますし、彰義隊のお墓もあります。そこまでの神域なのでしょうか？」

こう思われた方は実に鋭い指摘です。

私は上野恩賜公園に関しては、サイキック能力者の方が一緒にいないと行きません。理由は、幽霊も多いという報告があって怖いからです（笑）。さらに、カラスも異様なまでに多く、夕方から夜にかけては自然がつくるお化け屋敷状態。公園内の美術館や博物館でどうしても鑑賞したい展示品があるときのみ行きますが、午前中で終わらせます。

そういう意味で「いろんなエネルギーの集合体」と表現しました。

上野恩賜公園の木々を切りまくって、じっとしていた幽霊たちが自由になり、フィーバーが起こる可能性があります。

こういう意味でも切りすぎはやめた方がいいと思うのです。人口減少中の日本では、整備や整頓はしても開発はもういいのではないでしょうか。

感性と直観力の豊かさは日本人の特徴！

なぜ日本人は自然流で感性が強いかを少し考えてみます。

神社の装飾には「自然」に由来するシンボルが多く、悠久の時を感じることができます。参拝時、それらのシンボルを深く理解し、さまざまなご利益やインスピレーションを得るためにも「日本人としての感性」を今一度、知っておくことは悪くない潜考（せんこう）です。

日本人のなかだけで過ごしていると「日本人が諸外国の民族よりも感性が強い」という確信は、なかなかもちにくいと思います。

たとえば、蝶は霊界からのメッセンジャーとも言われ、頻繁に遭遇し、サイズが大きければ大きいほど幸運のシグナルと言われています。もちろん科学的な根拠はありません。ただ、**伊勢神宮**では年に2回、春と秋に「御神楽祭（かぐらさい）」が行なわれ、そこでは胡蝶（こちょう）の衣装を身につけて演舞されるシーンがあります。

あまたある動物、昆虫のなかでなぜ「胡蝶（チョウ）」なのでしょうか。かなり気になるところです。もっと言えば、よく漫画で頭を殴られて気絶する際、頭の周りをチョウや小鳥がグルグル回っている描写がありますが、あれはサイキック能力者が狙って書きはじめたのだと私は考えています。

日本は間違いなく世界一の漫画&アニメ大国です。漫画を描きながら、ストーリー(文字)も考える漫画家さんは、日本人ならではの強い感性で、サイキックな能力をもつ人が多い気がします。なぜなら諸外国の漫画は専門性が低く、ビックリするくらい面白くないからです(笑)。ゆえに、日本の漫画&アニメが世界を魅了したのは必然だったと言えるでしょう。

前述した、画とストーリーを同時に考える漫画家さんの例にも見出せますが、あまりに普段のことすぎて、毎週月曜日、本屋やコンビニに行けば、『週刊少年ジャンプ』、『ヤングマガジン』があることに対し「これは、世界的に見て奇跡(ミラクル)だ!」とは、なかなか思うことができません。

人気がある漫画家さんは自分を追い込む、芸術界のプロアスリートのような側面があります。

ちなみに、私の高校の同級生に「水無月(みなづき)すう」という、X-JAPANのTOSHIさんに似た漫画家がいるのですが、彼はブラスバンド部で、サックスもものの凄くうまいのです。その他、個人的に知っているプロの漫画家さんのなかにはインターハイの出場選手なども いますし、多芸な人が多いイメージがあります。

あくまで私個人の直観ですが、プロとして長年活躍している漫画家さんは、一種の超能力者（サイキック能力の持ち主）だと思っています（笑）。

日本の文化とサイキック能力の関係

日本人は全員、サイキック能力の開発トレーニングを日常生活のなかで行なっています。

「お風呂に入りながら、体の汚れも落としてリラックス」「食事をとりながら、礼節を学ぶ」「（体育会の）部活動で、上下関係や和の精神を学ぶ」といった、ひとつのアクションのなかに複数の要素を組み込むことを普段から行なっている民族だからです。

日本人のわれわれから見て、外国人の食べ方が汚いのは「食事は食欲を満たす」というひとつの意味しかないからです。お風呂も体のヨゴレを落とすだけなので、湯船にゆっくり浸かってリラックスという感覚はありません。リラックス担当は

「SPA（スパ）」なのです。体育会系の部活では、本来はその競技能力を競うはずですが、先輩にタメ口を使うと殴られます（軍隊方式）。

外国人の方は「日本人は何を考えているかわからない」と言いますが、右に示したひとつのアクションに対し、複数の同時進行性に加え、社会学でいうところの文脈依存性の言語にも根拠を求められます。いわゆる、日本人はハイコンテクスト文化で、欧米諸国はローコンテクスト文化という社会学で学ぶイロハのイです。日本人がもつハイコンテクスト文化とは「言わなくてもわかる」「察する」「空気を読む」といったことですね。これは諸外国から見たら、ちょっとした「テレパシー能力」なのです。

ビジネス時（あるいは恋愛や夫婦関係でも）「そんな当たり前のこと、言わなくてもわかると思っていた」という、ミス・コミュニケーションもよく起こります

つまり、日本人は感性が強すぎるがゆえに明文化して行なう「前提の共有」が苦手なのです。

一時期「見える化」という言葉が流行りましたが、まさにこの部分です。ゆえに、今後のグローバル社会で日本人以外とコミュニケーションをとる際「この内容は、あえて言わなくても常識でわかってくれるだろう」とは思わずに「いちいち説明す

ること」が大事です。英語学習でも同じで、とくにスピーキングでは難しい単語を覚えるよりも「話す量を多めにする（言い換えを多くする）」という意識をもてば意外とスムーズに英会話は通じるようになって、コミュニケーションをとれるようになります。

話は少しそれましたが神域を考える際にも、こういった八百万の神の精神に近い何でもミックスしてハーモニーを絶妙に落とし込む日本人の感性は理解しておいた方がいいでしょう。

「1アクションのなかでの複数行動の同時性」「前提の共有が苦手で、言わなくてもわかる」というテレパシー能力。このふたつの要素を根拠の柱として、日本人の感性は世界的に見て高く、日常生活のなかでサイキックトレーニングを行なっているとも言えるのです。

外国人から見て、こういった日本人の特性を「神秘的な記述」でまとめ上げてくれた人がいます。アメリカの天文学者パーシヴァル・ローウェルという人です。『オカルト・ジャパン（Occult Japan or the Way of The Gods）』では、飛騨の御嶽山からはじまり、神道、伊勢神宮の記述など多岐にわたります。

飛騨の御岳つながりでひとつ。

飛騨山王宮日枝神社には、樹齢1000年といわれる御神木があるのですが、この御神木のパワーは強烈すぎてヤバいです。ぜひ、御神木の前で深呼吸してみてください。

7

神域を上手に活かして ビジネスを成功させよう

ビジネスに神域の考え方を取り込もう

オフィスを構えるビル、店舗を置く土地など、ビジネスを展開する場所は、表面上の収益だけにとらわれてはいけません。

例えば2000年以降、ラグジュアリーに整えられたエリアは要注意。都内某ビルではドアによる死亡事故が起こり、その後、同じ区域内にある高級ホテルで、前支配人がお客さんに淫らな行為をし、強制わいせつ罪で逮捕されるという信じがたい事件まで起きてしまいました。

こういう安全第一のビル運営で死亡事故、前任者とはいえホスピタリティを司るホテルの支配人が起こす淫行事件といった、いわゆる真逆ともいえる不自然な「ありえない事故／事件」が、複数回起こる場所は要注意です。

また、ビジネスと神域の関係でわかりやすいのは飲食店です。

あの場所は、居抜きでお店がコロコロ変わるけど、すぐに潰れてしまう——。

こういった場所は一度、除霊ができる本物のヒーラーさんや霊能者さんに見てもらった方がいい場合があります。

ただし、「飲食店.COM」のデータによれば「アジア料理、ラーメン、中華、そば・うどんについては、7割以上の店舗が営業3年以内で閉店しており、4割以上の店舗については営業1年以内に閉店」というのがあるので、数値データでは計測できない「異様さ」「薄暗さ」があるかどうかがポイントです。

私の実家の近所に、10回くらい飲食店が変わっている「どんよりとした場所」があるのですが、人通りは悪くないのにまったく繁盛せず、ほとんど1～2年以内に店が変わっています。

繁盛とはいわないまでも、なぜか長く続かないのです。こういう場所は、ちょっと疑った方がいいかもしれません。

マーケティングの世界では、トラフィック数（人通り）が収益を左右する支配的な要素になることがあります。検索サイトに表示されやすいようにする、WEBページのSEO対策（検索エンジン最適化）みたいなことですが、これはテクニカルなことで潤沢（じゅんたく）な資金さえあれば誰でも実行可能です。

ところが神域とビジネスを見極めるポイントは、そういうテクニカルな技術が効かない外側にあります。

逆に「トラフィック数（人通り）は少ないのに、長く繁盛している店」は、何か強いビジネスエネルギーをもっている可能性大です。

東京都世田谷区二子玉川の川沿いに、仙人がやっているような、とある焼き鳥屋さんがあります。

二子玉川の駅周辺は最近、再開発が完了しました。楽天がオフィスを構え、映画館やホテルまでできてセンスのよい東急さんらしく、洗練された空間に仕上がっています。

そんなオシャレタウンが定着しつつある二子玉川にあって、風流ななかにもパワフル、庶民感モロ出しの店が、その焼き鳥屋なのです。川沿いで仙人がやっているようなこの店は、いわゆる最近の二子玉川のようなオシャレ感は皆無。食事が美味しいのは当然ですが、何よりも、その店内のエネルギーは、神域という表現がぴったりです。ちなみに、最初の注文は自分で手書きです(笑)。

多摩川沿いにある二子玉川は元々「砂利のまち」で、水と石といった自然との調和を大事にしたまちでもあります。

夜だとわかりにくいのですが、この店の周囲は、よく茂った木々や緑に囲まれており、水脈がよく店内の活気と無関係ではない気がします。

ビジネスの神域を見極める方法

飲食店以外でパワフルな神域とビジネスの関係は、どのようにして相関関係を計測すればいいでしょうか。この目安は意外に簡単です。

①30年以上、続いている（派手さはないがどっしり感がある）

②業界自体は低迷しているのに、その会社の業績は悪くない

③社員が、どことなく楽しそう（3年内離職率が低い）

右記①と③は、有料ですが会社四季報やリサーチ会社で情報を取得できます。わかりやすく、無料で行なえるのは②です。

例えば酒屋と書店。

ここ10～20年で多くの酒屋はコンビニエンスストアに変わっていきました。これは「お酒の流通システム」に関係があります。本当に（人気があって）売れる美味しいお酒は、毎年の出荷定数が決められており「その枠内で酒屋が奪い合う」というシステムになっています。つまり、満席が最初から決まっているのです。

これは、デルタ航空がアメリカン航空のイールドマネジメントを改良した「レベ

ニュー・マネジメント」という考え方に近いのですが、さらに日本のお酒業界がしっかりしていて(?)、旧態依然(?)なのは、勝手に安売りしてはいけないという縛りがあることです。

ゆえに、酒屋がプラス収益であり続けるには「よく売れる(他店ではあまり買えない)美味しいお酒」を取り揃え、かつ「固定客をつかんでリピート率を上げる」といった芸術性が高いマネジメントを行なう必要があるのです(洋酒や甘酒はこの限りではありません)。

お酒はご存知のように「お米」が原料で神事との関係も深いですから、生き残っている酒屋さんは注目に値すると個人的にはにらんでいます。

また、インターネットで本が買える時代、店舗の書店として生き残っている場所も注目に値します。ただ、書店の場合は店舗ごとの売上は一般人では確認できないのと、百貨店や高層ビルの一角であることが多いので判別しにくいという難点があります。ゆえに、書店単独で、経営状態がよさそうな「古書店」などは意外によい場所である可能性が大です。

たとえば東京の古書の街、神保町(じんぼうちょう)を散策し、何の本を売っている書店かは知らないけれど、なんとなくピンと来た店構えの本屋があったら、2~3軒立ち寄ってみると思わぬラッキー本が手に入るかもしれません。

これはユニーク！ 企業の神社

神社界、唯一の新聞『神社新報』では、1984年~85年にかけて「企業の神社」という連載がありました。内容は企業内にある神社と歴史、その勧請元の神社がしっかりと記述されています。全体の傾向としては、ビジネス（商売繁盛）の稲荷や八幡が多いという予想を裏切り、たいへん興味深い内容でした。

掲載企業のラインナップを見ると、世界市場で元気なトヨタ、横浜ゴム、キッコーマンなどの名前もある一方で、経営破綻したり、いろいろと事件性がある問題が明るみに出て株価が暴落している企業も見受けられました。

後者の神社をピックアップして共通点を見出し、いろいろ分析して見解を述べると、いろんな人から怒られるのは明々白々なので（笑）、ここではトヨタ、横浜ゴム、キッコーマンにある神社についてご紹介しておきましょう。

トヨタ自動車の本社、工場敷地内には創業時の1925年から鎮座する**豊興神社**（トヨタ神社）があります。熱田大神と、鉄の守護神である金山彦神、金山毘売神の三柱が御祭神として祀られています。

トヨタは私の予想を遥かに超えて、スピリチュアルを大事にする企業で、伊勢神宮、熱田神宮、成田山新勝寺、長野県の正光寺とも関係が深いといいます。トヨタは世界市場で車を売りつつ、大事なところ（技術的な機密）は米国の無理な要求には一切応じないことで知られていますが、こういう神仏との関係を知ると、さすが「世界のトヨタ！」と改めて思いました。

横浜ゴムは三重工場が面白いんです。伊勢紡績を買収した後の稲荷神社をそのまま引き継いでいます。この稲荷神社は日本三大稲荷のひとつ、伏見稲荷との直接の関わりがあり、伊勢神宮と猿田彦神社とも縁が深いのだとか。一般の方は参拝できませんが、伊勢神宮の近くだけに〝神社愛〟が感じられますね。

そして、日本国内のみならず、世界１００か国以上で販売しているグローバルブランド、キッコーマン。もちろん、世界シェア１位。千葉県の野田本社敷地内に**琴平神社**がでーん！と鎮座します。１７８９年が創建ということで、さらに驚き。本店は讃岐の金刀比羅宮。企業内神社としては最強クラスの神社と言えます。

「金刀比羅→こんぴら→琴平」（！）は知っている方も多いと思いますが、金刀比羅宮だけに、ゴールドのオーラを放っています。２０１６年、野田の琴平神社では

「12年に一度のゴールドの御朱印」が限定頒布されました。次は2028年。

「御朱印帳への浄書（書き入れ）は行なっておりません」

とあえて注意書きしてあることに自信度を感じずにはいられません。

キッコーマン社内の敷地にあるということで基本、社員以外は入れませんが、毎月10日のみ開放されています。

日本が誇る、世界ナンバーワン企業の敷地内にある神社ならば、着実かつ、堅実な金運アップ、仕事運に効きそうですね。

人生の節目を神域で迎えよう

人生の重大な節目のひとつに結婚式があります。大切な結婚式こそ、パワーのある神域で挙げ、幸福をゲットしたいものです。

私のオススメ、エネルギー高めの式場を紹介させていただけるなら、東京都内で以下の5つをオススメします。
①**大國魂神社**…勅祭社のひとつ。武蔵国の守り神。徳川家康も懇意にしていた。
②**東郷神社**…祀られている東郷平八郎は強運の持ち主で活力あり。

③帝国ホテル…鹿鳴館が近くにあった。よい人の気が溢れている。
④ホテル椿山荘…日本全国の椿（世界の3大オイル）あり、山縣有朋の元邸宅。
⑤ホテルニューオータニ…加藤清正の下屋敷。庭園がよい。

他にも港区白金の八芳園や、ザ・キャピトルホテル東急（千代田区永田町）もいいでしょう。また、全国版としては、大相撲の力士が結婚式を挙げた場所をチェックしておくといいです。大相撲は元来、スポーツではなく天下泰平・子孫繁栄・五穀豊穣・大漁などを願った神事だからです。外国人力士も多くなった昨今では、100%と断言できませんが、おかしな場所では結婚式を挙げないと思われます。

ホテルニューオータニが出てきましたので補足情報を。

明治神宮にある「清正井」はなぜか、パワースポットとされていますが、よくよく調べると微妙なスポットでして、加藤清正ファンの方は、四谷のニューオータニの日本庭園、もしくは日蓮宗のお寺、覚林寺（清正公堂）をオススメします。

今すぐ日本に「100億円！」の経済効果をもたらす方法

さて、前項の話の流れで、日本人全員の意識さえ変われば、今すぐ（！）「10

0億円！」の経済波及効果を日本にもたらす方法をご紹介しましょう。

それは**「日本人が経営する施設で結婚式を挙げる！」**です。

もっと端的に言えば、「外資系ホテルで結婚式を挙げるな！」です。

ここは観光経営における学術研究者の矜持（きょうじ）として、しっかりお伝えしておきます。

もし、あなたも私もアメリカ人で、外資系ホテルの経営幹部なら、「なぬ！日本人はホテルで結婚式を挙げて、1回ン百万円も使うのか！その市場を狙え～！」と、鼻息が荒くなるはずです。実際、もの凄いことになっています。

資本主義経済とはいえ、踏み込んではいけない領域というのはあるのではないでしょうか。アメリカ人の多くはトヨタ車には乗っても、教会で結婚式を挙げます。

日本人は、人生の三大イベントのひとつである結婚式を外資系ホテルで挙げる。

誤解を恐れずに書くなら「日本人としてどうなの？」と思ってしまうわけです。

イメージしやすいように具体的な「数字（金額）」で解説しましょう。

例えば、外資系ホテルでの結婚式費用が「500万円」だとします。大雑把（おおざっぱ）に言うと、1組あたり「10万円」が本店（主にアメリカ）に自動的に渡るのです。数字の根拠は後述しますが、大事なことなので繰り返します。

日本人同士が「外資系ホテルで結婚するだけ」で自動的に「10万円」が海外の本

店に流れます。

海外の本店側から見ると、ボロい商売ですね。有名人や富裕層になると、挙式費用は「1000万円以上」にも及ぶそうで、たいへんおめでたい席の笑顔の裏で、マージンが海外の本店にチャリンチャリンと流れているかと思うと悲しくなります。

いわゆる「外資系ホテルはオシャレ」というブランディングによって、半ば洗脳されてしまっているわけですが、イメージ的にカッコいい「外資系ホテル」とはいえ、経営手法はコンビニと同じ「看板貸し」なのです。

宿泊や食事なら外資系ホテルでも問題ないと思いますが(私もよく利用しますし)、結婚式のようなアイデンティティが問われる濃厚なイベントでは、いかがなものでしょうか。

海外(本店)に流れる中間マージンのパーセンテージは厳密には、外資系ホテルによって違いますが、おおよそ「0・5〜3・5%」です(本書では中間の2%で計算しています)。この数値は、外資系ホテルの(現役&元)経理部長や副支配人に直接聞いた数字なので信憑性(しんぴょうせい)が高い数値と言えます(お名前を出さない約束で書かせていただきました)。

これを「1日の回転数(約8組)」「結婚式が行なわれる土日祝の日数(約125日)」

「ホテル・ウエディングができる日本全国の外資系ホテルの数（X）」と掛け算していき、さらに遠方から来られる方の「宿泊費＋食費」も、＋アルファで加算されていきます。そうやって試算していくと、少なく見積ってもトータルで「約50億円／年」が動いている概算になります。

５００万円×２％×８組×１２５日×結婚式ができる日本全国の外資系ホテル数（X）＋アルファ

この日本人同士が結婚するだけで自動的に流れる「失われた約50億円」が「そのまま日本人が経営する場所」に寄り戻したとしたら、ものすご〜く低く見積っても「１００億円は超える」のです。

そのお金で日本の農作物や魚を買えば、日本経済は今よりも効率よく回るでしょう。小難しい話や書類、法整備など一切なく、意識だけで変わります。

ホテル業界では、ラグジュアリーブランドが日本にこぞって進出してきたことを「２００７年問題」と呼んでいましたが、東京オリンピックにより、加速度的にホテルが増えました。外資系ホテルがある場所は、利便性は悪くないものの、神域の視点で見ると「よくない場所」にあるものも散見されます。既述した、都内某所は「おかしな事故／事件」が起きていますし、その場所はパワースポット本では「逆パワースポット」「ダークスポット」などと、よく紹介されています。

2006〜09年に日本人の人口はピークを迎え、内需はジリ貧の一途をたどっています。こういった背景から、インバウンドビジネスは、外需を取り込む意味合いがあるので大事ですし、伸びシロが大きいのは明白です。

この動きと連動して、日本国内にいながら海外に流れてしまっている「ムダ金」にも着目すべきでしょう。

中国人の「爆買い」もオンラインによる買い物が整備され、急速に減少傾向ですし、今後は「購買」よりも「体験型」にマーケット（の総量）はシフトしていくと思われます。そういうときこそ、日本の神域の出番でもあります。

〝日本初の会議〟が行なわれた神々の場所

大きな組織で事業が停滞しているとき、行政幹部、経営幹部の方々にとくにオススメしたい神域を本項でご紹介します。

その舞台は宮崎県です。宮崎県には、神話になる舞台が多く登場し、代表格はなんといっても天孫降臨（てんそんこうりん）の地といわれる高千穂（たかちほ）エリアです。

あるとき、天照大神（アマテラスオオミカミ）が機嫌を損ねて天安河原（あまのやすがわら）の洞窟に引きこもったことがありました。

天地は暗黒となり、八百万の神がこの河原に集まり神議をスタート。結論は次のようになりました。

「天照大神のことなので、われわれが堅苦しく説得するよりも外で盛り上がって宴会をし、自らの意思で出てくるようにしよう」

この結果、楽しそうな外の様子に気づいた天照大神は「お?」と、外の様子が気になって、外に出てきました。これで一件落着。

天照大神が天安河原の洞窟から出てくる際、活躍した2大神といえば、力強い天手力男神（アメノタヂカラオノカミ）と、日本最古のダンサー天鈿女命（アメノウズメノミコト）です。

天鈿女命が華麗に舞い、天手力男神が怪力で岩戸を開いて天照大神を呼び戻し、世の中の明るさが戻りました。

このストーリーの結論は、イソップ寓話『北風と太陽』にも似ていますが、ビジネスや会議の本質のような気がします。つまり、無理やり押しつけるのではなく「楽しい」や「貢献」をデザインして世の中をよくしていこうという発想です。

収益ばかりを重視して頭打ち感になったとき、モチベーションが低下したとき、過度な保守に回ったとき、視野狭窄を引き起こして停滞してしまう可能性があります。

天照大神が引きこもった天安河原の洞窟は別名「仰慕ヶ窟」といいますが、仰慕とは「偉大な人物を尊敬し、仰ぎ慕うこと」でもあります。「仰慕の心」が悶々としているときの打開策、特効薬になることがあるかもしれません。

神々が困難を乗り越えた高千穂エリアは他にも、見どころがあります。

①天岩戸温泉
②天岩戸神社
③八大龍王水神
④天安河原（仰慕ヶ窟）
⑤高千穂峡

この5か所はどこも強烈な神域で「合う・合わない」がはっきりしそうな場所ですが、訪れてみる価値アリです。天照大神を呼び戻したという神話があるのもなんとなく理解できる神々しい場所です。

行政幹部、経営幹部の方々は、その元で暮らす者、働く者にとっては管理する神様のような側面があるので、高千穂はそういう方にオススメの場所と言えるかもしれません。

われわれ、下々の者はリスペクトできて勇気ある神様の元に仕えたいのです。

情報の普遍性と精度を見抜く方法

世の中には多くの情報が溢れています。とくに、検証が困難な事象をあつかうスピリチュアルや精神世界の分野については、一体、何が正解なのかを見抜く目が必要です。

正解とは、その時代背景もからみますので、ドンピシャリの正解を探すというよりも「普遍性が高い考え方」というスタンスで模索していくのがよろしいかと思います。

本書では、**あまたある（怪しげな）情報に翻弄されない**よう、これから示す指標を覚えておくと便利でしょう。

【フェーズ1】ストーリーテラー
【フェーズ2】プロファイラー

のふたつを意識してください。この言葉の意味をこれから説明します。

【フェーズ1】ストーリーテラーは、いわゆる「語り部(かたりべ)」のことです。自身の体験談のみを熱く語り、それがすべてに通用し、あてはまるように語る人たちのことです。日常会話レベルならそれでよいかもしれませんが、再現性が高く「普遍的な効果」を求める場合、また、マネジメントする際も、かなり疑問符がつきます。

国際的な学術の世界では、こういう人たちのことを「サンプル1つ(N=1)で語る人」といってバカにしています。このタイプは、ビジネス分野、スピリチュアル分野を問わず、一定数おられますので気をつけましょう。

ストーリーテラーのことを、あらかじめ知って、気をつけておけば情報の仕分けが速やかにでき、怪しいセミナーや霊感商法にも騙されずに済むでしょう。

【フェーズ2】プロファイラーは、フェーズ1の体験談(母数)を数多く集めてさまざまな角度からアプローチする分析官のようなイメージです。本書の情報は、私自身の体験に加え、親類、友人、そして学生たちからもサンプルを集めていますので、フェーズ2はクリアできていると言えます。

ただ、プロファイラーはどうしても共通項の検索に留まり、一義的な結論に陥りやすく、分析官のセンスと洞察が問われます。それでも、本書は研究論文ではないので【フェーズ2】の情報レベルで問題なしと判断して展開しています。

さらに、学術研究や論文レベルに上げるには【フェーズ3】【フェーズ4】まであるのですが、本書では必要ないので割愛します。詳しく知りたい方は拙著『おもてなしの未来図』(現代図書)をお読みいただけると幸いです。

そしてもうひとつ。

「ブームに乗っかった？　ぽっと出のパワースポットにはご用心！」ということも伝えておきましょう。「パワースポット」という言葉がブームだったのは、2010年前後なのですが、この時期に、センセーショナルに新しく登場したスポットには十分に注意してください。なぜなら、誰かが(効果性は怪しいのに)観光客を呼ぼうと仕掛けている可能性があるからです。

見分けるヒントは、レフェリーつきの査読論文です。

国立情報学研究所の論文検索サイトCiNii Articlesにキーワードを打ち込めば、確実ではありませんが、おおよその検討をつけることができます。

スピリチュアルな情報を、研究者や科学者の目線で追いすぎると、現段階では、頭の上のクエスチョンマークがぬぐい切れないと思います。

ゆえに、せめて神域に関する情報で、医療や物理条件など、理科系に近い宣伝文句があったなら「これは疑似科学かもしれない」と判断する視点はあっても損はないでしょう。

ただし、最初から「すべてインチキだ！」と決めてかかると、科学では証明できない「お宝情報」を見逃す可能性もあります。まさに、ここがスピリチュアル情報の面白いところであり、胡散臭いところであり、ミステリアス&マジカルなところではないでしょうか。

神域&パワースポット論の未来図

神域（パワースポット）の全貌を学術研究の対象として解明しようとする場合、サイキック能力者の言及や指摘に加えて『電磁場生命科学』（宮越順二編著／京都大学学術出版会）や『量子進化』（ジョンジョー・マクファデン著／共立出版）にあるような全方位からのアプローチが必要だと考えます。

外的には電磁波、微生物、細胞、周波数、疫学、物質温度、固有振動数など、内的には人間側の血液検査、副腎皮質ホルモン、コレステロール、尿酸値など数値化が可能な分野からアプローチし、何がヒットするのか（数値差が出るのか？）の発見ならびに応用研究が必要だと思われます。

私は現在、ドイツ製の低周波電磁波測定器【ME3851A】を使い、交流磁界レベルと交流電界レベルの計測にトライしています。測定範囲は「0・1～199・9nT（ナノテスラ）。ただし、こういう作業は世界でも、あまりやっていない類だと思われますので、かなり怪しい目で見られてしまいます。

ゆえに、神社やお寺では大手を振っては計測できません。

とはいえ、すでに数か所は「先生、怪しいっす！」と言われながら学生に助手として手伝ってもらい、計測に成功しています。

そして「怪しい」と警戒していた学生も、計測が終わるころは「本当だ、すげえー！」となって目をキラキラさせています。日本人の遺伝子には、やはりスピリチュアルな精神があるのだと再認識できました。

もし効果性の全貌が解明できれば医療、植物や果物の育成、緑化保全などに活用できるのではないかと考えています。

近代化の跳ね返りとして、原点回帰の動きが活発化していますが、グローバル経済と里山資本主義、という2項対立ではなく、神域（パワースポット）の分野でも、日本らしくハイブリッドな進化と価値観に期待しています。

文庫本化にあたってのあとがき

2017年に出版された『開運したければこの神社に朝、一人でお参りしなさい。』は重版にもなり、そしてこのたび文庫本になり恐悦至極、感謝感激、雨あられ……。と、謙遜を美徳とする日本人な感じを丸出しに書いてもよいのですが、そうはしません。なぜなら開運本を書いてしまった以上、書籍や筆者自身が開運していなかったらオハナシにならないからです。

東京大学に合格すべく、その講義の先生が東大卒じゃなかったら違和感しかありませんよねぇ。ゆえに、今回の「重版→文庫本」になったのは少しだけ**科学的な証明になっているのかな？** と客観的に判断している冷静な筆者もいます。

めでたい文庫本化の出だしのご挨拶なのに、ややトゲのある表現で書いてしまいました。しかし、これが文庫本になると聞いたときの私の偽らざる気持ちなのです。

そもそも私は神社やパワースポットに関しては、インターネット上、YouTubeやSNSでスピリチュアル的な発信は、ほぼ行なっていません。

むしろ神社やスピリチュアル寄りの取材、仕事依頼はすべて断っています（なので最近はまったく問い合わせがこなくなりましたが・笑）。なぜなら神社や神様を扱う、いわゆるオカルトの内容は表裏で遊ぶ「(お)かるた」が語源と言われますから裏面で伏していたほうが、秘したエネルギー(想念の塊)になって効果は高いと個人的には考えているからです。

また、顔を出して表立って「神様ガー!」というのはチョットばかりダサくないか? ワタクシごときが神様のことを語るのは失礼ではないか? という思いもあります。ですので、たまーに本を書くくらいで丁度よく、筆者の名前などは覚えなくていいので、本書の内容を実践して試していただき、効果を試していただきたいのです(重版、文庫本になるほどパワーありますからぁ〜! しつこい・笑)。

マーケティング的には会社名より「商品名(内容やクオリティ)」を覚えられた方が持続的な成長があることが研究でもわかっています。逆に考えると、有名人や偉い人が発信しているモノやサービスだからといって信じすぎてしまうと、権威主義の奴隷、同調圧力による思考停止となってしまう危険性があります。

これが教祖化してしまうと、怪しげな宗教団体になってしまいますし、世の中にあふれる有名人を使ったCM、政治家が行なう演説なども、実は似通った現象と言えるでしょう。有名人や偉い人が宣伝しているから、偉い政治家の先生が手掛ける政策だからといって、あなたに合うとは限らないのです。

本書の新タイトルも『あなたの神さまが待っている開運神社』にリニューアルしています。これからの時代はＡＩ（人工知能）などの発達で個人にカスタマイズ、最適化された商品やサービスが指数関数的に増えていくことは間違いありません。神社に関してもあなたにフィットする場所が必ずあります。そのお手伝いとして、本書がお役に立てると筆者として幸甚（こうじん）です。

２０２０年初頭から世界は疫病のパンデミックに襲われ、文字どおり息苦しい社会になりました。そんな時、身体を休め、心を豊かにすべく、神社に参拝してみてはいかがでしょうか。きっと、あなたと気が合う神様がさまざまなインスピレーションを与えてくれるはずです。

さいごに、本書執筆にあたり、ファーストコンタクトのきっかけをつくってくれた天野貴代さん、今井まおさん、そして、お読みになってくれたあなたに最大の感謝を。

開運招福の祈りをこめて筆をおきます。

◉主要参考文献

青木康(編)『完全保存版！伊勢神宮のすべて』宝島社、2013年
秋山眞人、布施泰和『シンクロニシティ「意味ある偶然」のパワー』成甲書房、2017年
有元裕美子『スピリチュアル市場の研究』東洋経済新報社、2011年
エドワード・バッチ『エドワード・バッチ著作集』BABジャパン、2008年
エマニュエル・スウェデンボルグ『私は霊界を見て来た』叢文社、1975年
大石学『地名で読む江戸の町』PHP研究所、2001年
楠原祐介『この地名が危ない』幻冬舎、2011年
阪本是丸『神道と学問』神社新報社、2015年
謝明徳『タオ人間医学―天地と融合するヒーリング・サイエンス』産学社、2014年
上念司『地方は消滅しない！』宝島社、2015年
神社新報社編『企業の神社』神社新報社、1986年
竹田陽一『社長のためのランチェスター式学習法』あさ出版、2013年
冨山和彦『なぜローカル経済から日本は甦るのか』PHP研究所、2014年
豊嶋泰國『仏教現世利益事典』興山舎、2015年
藤巻一保『安倍晴明占術大全』学習研究社、2000年
福井健二『築城の名手 藤堂高虎』戎光祥出版、2016年
福田秀人『ランチェスター思考』東洋経済新報社、2008年
宮越順二(編)『電磁場生命科学』京都大学学術出版会、2005年
柄沢照覚『神仏秘法大全』八幡書店(復刻版)、2004年

宮地水位、大宮司朗『異境備忘録・幽界物語』八幡書店、１９９４年
林屋友次郎『聖天信仰の手引き』大井聖天堂大福生寺、１９６０年
笹間良彦『歓喜天（聖天）信仰と俗信』雄山閣出版、１９８９年
長谷川明『歓喜天とガネーシャ神』青弓社、２００２年
柳田國男『地名の研究』古今書院、１９３６年

Laura, Nash;Howard, Stevenson, "Just Enough:Tools for Creating Success in Your Work and Life," Wiley & Sons, 2004
Edward, Bach., "Collected Writings of Edward Bach on Flower Essences," Ashgrove Publishing;New, 1998
Percival, Lowell., "OCCULT JAPAN," FORGOTTEN BOOKS, 2015
Johnjoe, McFadden, "Quantum Evolution," W W Norton & Co Inc 2001
Phillippa Lally, "How are habits formed:Modelling habit formation in the real world," European Journal of Social Psychology, 2009

資料

大久保景明『大洗歴史漫歩』２００２年
内閣府 地方創生人材支援制度派遣者編集チーム
『未来につなげる地方創生』日経BP社、２０１６年

本書は２０１７年４月に刊行された
『開運したければこの神社に朝、一人でお参りしなさい。』（河出書房新社刊）
に加筆・訂正をしたものです。

KAWADE
夢文庫

あなたの神さまが待っている開運神社

二〇二二年一一月三〇日　初版発行

著者……………長崎洋二
企画・編集……夢の設計社
東京都新宿区山吹町二六一 〒162-0801
☎〇三―三二六七―七八五一（編集）
発行者…………小野寺優
発行所…………河出書房新社
東京都渋谷区千駄ヶ谷二―三二―二 〒151-0051
☎〇三―三四〇四―一二〇一（営業）
https://www.kawade.co.jp/
装幀……………こやまたかこ
印刷・製本……中央精版印刷株式会社
DTP……………株式会社翔美アート
Printed in Japan ISBN978-4-309-48594-2